즐거운 노년, 인생을 자유롭게 즐기자

※ 즐거운 노년, 인생을 자유롭게 즐기자

초판 1쇄 발행 / 2006년 1월 20일
지은이 / 시모쥬 아키코
옮긴이 / 오희옥
발행처 / 지혜의나무
발행인 / 이의성
등록번호 / 제1-2492호
주소 / 서울 종로구 관훈동 198-16 남도빌딩 3층
전화 / 02-730-2211, 팩스 02-730-2210

FURYO RONEN NO SUSUME
Copyright ⓒ 2000 Akiko Shimoju
All rights reserved.
Original Japanese edition published by DAIWA SHUPPAN PUBLISHING INC.
Korean Translation Copyright ⓒ TREE OF WISDOM

The Korean edition was published by arrangement with DAIWA SHUPPAN PUBLISHING INC., Tokyo, Japan
Through Literary Agency Y. R. J, Seoul, Korea

이 책의 한국어판 저작권은 유·리·장 에이전시를 통한 저작권자와의 독점 계약으로 지혜의나무에 있습니다. 저작권법에 의해 한국 내에서 보호를 받는 저작물이므로 무단 전재와 무단 복제를 금합니다.

ISBN 89-89182-31-X 03830
ISBN 89-89182-27-1 (세트)

즐거운 노년,
인생을 자유롭게 즐기자

시모쥬 아키코 지음 | 오희옥 옮김

지혜의나무

머리말
지금이야말로 자유로움을 지향할 때

나는 소녀시절 불량한 것을 동경했다. 멋있게 보이는 남자는 어딘가 불량스런 구석이 있었다.
"나도 그랬어."
친구가 한 말이다. 사람은 누구나 마음 한 구석에서는 불량스러워 보이는 것을 동경한다. 불량하다는 말은 품행이 바르지 않은 것을 말한다. 그런 사람은 규범에 얽매이지 않고 거리끼는 것 없이 산다. 사실 그런 모습이 멋있다. 자신은 그렇게 행동하지 못하기 때문에 더더욱 그런 삶을 동경한다. 어렸을 때 아무리 부모에게 반항을 하고 교칙을 어겨도 결과는 뻔하다. 사회로 나간 뒤에도 사회의 규범 아래서 가능한 자신의 참모습으로 살아가려고 애쓰지만 그 틀에서 빠져나오기는 쉽지 않다.

노년을 맞고 자녀가 어른이 되었을 즈음 자신의 인생을 돌아보라. 언제나 누군가에 의해 관리되고 세상의 틀에 매여서 살아왔다. 도망치고 싶다고 생각하면서도 그런 바람을 마음속 밑바닥에 감추어두고 말이다.

이제는 그곳에서 빠져나올 수 있다. 이제부터는 규범에 얽매이지 말고 마음껏 자유롭게 살고 싶다. 진짜 내 자신으로 돌아가서 마음껏 사랑도 하고 싶다. 권력이나 명예가 아닌 나다운 삶을 살고 싶다. 나를 둘러싼 환경과 사회를 비판할 수 있는 눈을 갖고 규범에 얽매이지 않는 자유인으로 살고 싶다. 내가 해야 할 일과 하고 싶은 일을 하면서 마지막 순간을 향해 개성을 발휘하는, 젊은 시절 동경했던 자유인이 되는 것이다. 젊었을 때는 그렇게 살면 주변 사람들에게 귀가 따갑도록 잔소리를 들어야 했고 누군가에게 질책을 받았다. 스스로 자제하기도 했다. 하지만 이젠 문제될 것이 없다. 굴레를 벗고 자유롭게 날개 짓 하자. 이젠 주변 사람들의 눈을 의식해서 좋은 사람이 되려고 애쓸 필요는 없다.

  노년에는 세련되고 멋있게 살자. 남은 생을 가능한 나답게 살자. 죽음의 마지막 순간을 향해서…….

  유리창 쪽에서 갑자기 큰 소리가 났다. 베란다로 나가보니 유리창에 부딪힌 개똥지빠귀가 노란 다리를 가지런히 한 채 누워있다. 죽음은 그렇게 갑자기 찾아든다. 나도 최소한 그 순간까지 생을 구가하고 싶다.

가루이자와에서
시모쥬 아키코

차례

머리말 – 지금이야말로 자유로움을 지향할 때

1 _ 사랑을 하자

아흔 두 살의 결혼 · 15
이성에 대한 흥미는 언제까지나 · 20
남자친구 만드는 법 · 25

2 _ 연애 기분을 즐긴다

'맛있는 거라도 먹으러 가요' · 31
꿈에서 만납시다 · 36
행복한 기분을 주는 사람을 만들자 · 41
옛 사랑을 버려선 안 된다 · 44

3 _ 명함에서 직함을 버려라

자신다움으로 승부를 걸자! · 51
'지금 뭐하세요?'에 내답하는 법 · 55
남편과 자녀의 이름으로 살아선 안 된다 · 59

4 __ 할머니란 말은 듣지 않겠다

    누구에게든 영원한 나의 이름 · 65
    단호하게 살아가라 · 70

5 __ 전철 안에서 자리를 양보하자

    앉는 버릇이 들지 않았는가 · 77

6 __ 나이와 상관없이 뭔가에 미치자

    나이를 먹는다는 것은 개성적이 된다는 것 · 85
    몇 살을 먹든 열중할 수 있는 것이 있으면 좋다 · 90
    노래가 좋다 · 15
    혼자가 된 후의 자유로운 시간을 어떻게 쓸까 · 99

7 __ 일주일에 한번은 외식을 하자

    일주일에 한번은 둘이 외식을 하자 · 107
    혼자서 외식하러 간다 · 112

8 _ 방의 사면에 거울을 붙여라

깔끔한 차림으로 지내자 · 119
거울 앞에서는 거드름을 부리며 · 124

9 _ 전통가옥에서는 살고 싶어 하지 않는다

'민속공예품에 둘러싸여 살면 때가 낀 듯 보여' · 131
이 아늑한 방에서 마지막 꿈을 꾼다 · 136

10 _ 꽃무늬 옷은 입지 않는다

왜 다른 사람과 같이 아줌마 차림새를 하는가 · 143
나이를 먹을수록 아름다워지는 비결 · 148
청결하고 품위 있는 것이 제일 · 153

11 _ 전통의상을 입고 지내자

전통의상은 일곱 가지 단점을 가려준다 · 161
전통의상을 입는 진짜 즐거움 · 166

12 _ 일찍 자고 일찍 일어나려고 애쓰지 않는다

건강에 지나치게 신경쓰지 않는다 · 173

13 _ 싸움을 하자

비판정신을 갖자! · 181
이제 '좋은 사람' 노릇은 그만두자 · 186

14 _ 반드시 매일 신문을 읽자

노후의 두뇌체조 · 193
무엇이든 알아두자 · 198

15 _ 젊은 사람과 놀자

새로운 친구를 발견하는 법 · 205
젊은 사람과 만나면 젊어질 수 있다 · 210

16 _ 거리로 나가 쇼핑을 하자

갖고 싶은 것이 없어지면 늙었다는 증거 · 217
너무 많아서 고민 · 222

17 _ 돈 쓰는 데 인색해지지 말자

'쓰느냐' '안 쓰느냐'의 대담한 취사선택이 중요하다 · 229
모두 쓰고 죽고 싶다 · 234

18 _ 불량노년에는 그것에 맞는 죽음이 있다

중요한 것은 '이렇게 죽고 싶다'는 바람 · 241
불량노년에 어울리는 아름다운 마지막 순간의 연출 · 246
조금 이른 나의 유언 · 251

... *1*

사랑을 하자

아흔 두 살의 결혼

믿기지 않는 좋은 이야기

어느 날 집에 돌아오니 남편이 뭔가 의미가 담긴 듯 이런 말을 했다.

"좋은 뉴스가 있는데, 해줄까?"

"그럼요. 어서 해봐요."

"이야기를 듣고 싶으면 한 턱 내."

내 속마음을 들여다보고 있기라도 하듯 협박(?)을 하는 것이다.

"좋아요."

그렇게 해서 남편이 해준 이야기는 정말 믿기지 않는 좋은 이야기였다.

그날 오후 남편이 혼자 있을 때 전화가 걸려왔다고 한다.

"무츠라고 하는 사람입니다. 제가 결혼을 했거든요."

무츠 요노스케는 메이지의 공신인 무츠 무네미츠의 손자다. 그가 아흔두 살의 나이로 결혼을 했다는 것이다.

나는 무네미츠의 장남인 히로키치, 즉 요노스케의 아버지와 영국인 어머니 에셀의 사랑을 『순애 에셀과 무츠 히로키치』에서 그렸다. 전화도 없고 편지를 보낸다고 해도 배편으로 40일이 걸리던 메이지시대에 히로키치는 케임브리지에서 유학할 때 에셀을 만났다. 두 사람은 양가의 반대를 이겨내고 무네미츠가 세상을 뜬 뒤, 사귄 지 20년 만에 영국과 일본에서 17년의 세월을 보내고 마흔이 되어 결혼을 했다. 두 사람의 사랑은 정말 감동적이었다.

그 이야기를 알게 된 계기는 무츠 요노스케 씨가 빌려준 아버지 히로키치의 50권이 넘는 영문일기를 통해서였다. 10년 전에 세상을 뜬 무츠 씨의 부인은 내가 방송국에 몸담고 있던 시절 선배여서 이따금 함께 식사를 했기 때문에 암으로 부인이 세상을 뜬 뒤에도 요노스케 씨는 가끔 만나곤 했다. 부친의 일기를 빌릴 수 있었던 것도 그런 인연 때문이다.

요노스케 씨는 부인이 세상을 뜬 후로 집안일을 도와주는 가정부가 있었을 뿐 줄곧 혼자였다. 그는 뉴스와 다큐멘터리를 제작하는 회사의 사장이고 한때 저널리스트로 활약한 적도 있어서 화제가 풍부하고, 일본과 영국의 미남미녀 사이에서 태어났기 때문에 생김새도 정말 매력적이다. 그는 영국신사 같은 인상을 풍기는 멋쟁이다. 함께 식사라도 할 때는 가슴이 두근거린다.

너무 인기가 좋아서 젊었을 때는 잠시도 가만히 있을 수 없었다는 말이 이해가 될 정도다. 그렇기 때문에 그가 결혼했다는 사실이 크게 이상하지 않았다. 그러나 아흔두 살이라는 나이를 생각하면 놀라지 않을 수 없다. 감탄이 절로 나온다.

섹시하다!

결혼 상대자는 신문사 출판국에서 무츠 무네미츠와 관련된 책을 만들고 있던 편집자다. 나보다 한 살이 많은 예순 셋이었다. 무츠 씨가 평소에 마음을 쓰던 것이 다름 아닌 자신이 죽은 뒤에 무네미츠의 자료를 보존하는 것이었으니 그의 마음을 헤아려줄 딱 맞는 사람이다.

나는 그 여성과 무츠 씨와 함께 한 호텔 레스토랑에서 식사를 한 적이 있다. 그때 분위기가 격이 없고 좋았기 때문에 속으로 놀랐었다. 하지만 '결혼'까지는 미처 생각하지 못했었다. 두 사람이 그 즈음부터 동거하고 있었다고 하지만, '결혼하자'고 말한 것은 무츠 씨 쪽이었다고 한다. 싱대빙은 여자대학을 나와서 영어도 잘 하고, 인상이 좋은데다 초혼이다. 무츠 씨는 그 결혼이 네 번째인가 다섯 번째이고 외국에 자녀도 있다.

다른 사람이라면 몰라도 무츠 씨이기 때문에 이해할 수 있는 일이다. 아흔 두 살이지만 그는 여전히 매력이 있고 젊은 시절의 자유분방함도 여전하다.

그에게서는 아흔 두 살에도 여성에게 매력을 발산하고 결혼하는 근사함이 느껴진다. 남자든 여자든 언제까지나 이성을 사랑하는 마음을 잃어선 안 된다. 다른 말로 표현하면 섹시함이다. 이것이 바로 즐거운 노년의 주요 조건이라고 말할 수 있다.

나는 무츠 씨는 물론이고 결혼 상대자의 용기, 아니 의지에 박수를 보낸다. 세상은 말이 많다. 하물며 무츠 무네미츠의 손자다. 한때 백작의 집안이었던 그에게 두 사람의 결혼은 소문거리가 되기에 충분하다. 하지만 두 사람 모두 자연스럽고 느낌이 좋은 부부다.

결혼 후 남편과 함께 네 사람이 축하를 겸한 식사를 했는데, 그때 무츠 씨의 기뻐하던 표정, 그리고 세심함을 잊지 않던 부인의 모습을 보면서 '다행'이라 생각했다.

두 사람이 결혼한 이후로 전 부인 때부터 집안일을 도와주던 가정부는 걸음하기 쉽지 않았던 모양이다.

"그녀도 여자니까."

라고 말한 무츠 씨의 말에서 지금까지 여성에 둘러싸여 살아온 남성에게서만 느낄 수 있는 독특한 뉘앙스가 풍겼지만 씁쓸함과 함께 그런 그가 부러웠다.

우쭐대는 것도 재능이라면 재능이라고 나는 늘 생각한다. 조금쯤 으쓱해져서 자신을 더 발전시킨다. 아흔 두 살이지만 여전히 자신감을 잃지 않은 무츠 씨는 멋있다.

하지만 너무 마음을 놓았던 탓인지 그는 그후 넘어져서 3개월 동안 입원을 해야 했다. 입원 기간에 부인도 병실에서 지샜다는 후문이다.

"너무 따뜻한 사람이어서 많이 의지하게 돼요."

한마디로 말해 부인을 자랑하는 말이다. 그런 그의 말도 역시 그답고 보기 좋다.

간병한 보람이 있어서 지금은 지팡이를 짚고 혼자 걸을 수 있을 정도로 회복했다. 그 생명력에 경의를 표한다. 자유분방함은 생명력에도 영향을 미친다.

이성에 대한 흥미는 언제까지나

'너무 바빠서 죽을 틈도 없어요'

모즈메 다카카즈 씨를 알고 있는가? 이미 고인이 되었지만 백육 세의 나이에도 쉬지 않고 연구를 계속한 국학자다.

내가 모즈메 씨를 만난 것은 그가 백삼 세 때였다. 잡지사에서 의뢰한 인터뷰를 하기 위해 자택을 찾아간 적이 있는데, 그때 그는 혼자 살고 있었다.

"식사는 어떻게 하세요?"

하고 묻자,

"전화를 걸면 갖다 줘요."

라고 하면서 고타츠(낮은 테이블 모양으로 된 난방기구-옮긴이) 위에 놓인 검은 전화기를 가리켰다. 음식점에서 배달해주거나 아니면 그를 돕는 자원봉사자가 있었는지도 모르겠다. 다리가 불편하기 때문에 외출이 어렵고, 청소나 목욕도 일주일에 한두 번 자원봉사자가 찾아온다고 했다.

그 젊은 여성의 방문을 무척 기다리는 듯 보였다. 아직 충분히 이성에 관심을 갖고 있는 것이다. 여성에게 흥미가 있는 한 노인이 아니다.

국학자가 하는 일은 사전의 편찬을 비롯한 세세한 작업이다. 그런 작업을 계속하면서 모든 방면에 관심을 갖고 있었다. 그 즈음 화제가 되었던 핼리혜성 등 천문학에도 조예가 깊었다.

"취미는 뭔가요?"

라고 물었다.

"여기 신문과 빨간 연필 있죠?"

고타츠 위에 경마신문이 쌓여 있었다. 군데군데 빨간 연필로 동그라미 친 것이 보였다. 나는 또 물었다.

"이번에 오크스(암말의 경주)에 초대를 받았는데, 어떤 것이 좋을까요?"

"이거요, 이것이 좋아요."

라고 가르쳐주는 대로 했지만 그의 예상은 맞지 않았다.

하지만 즐겁게, 확신을 갖고 산다는 인상과 함께 장난기도 느껴졌다.

돌아올 때 인사로,
"건강하세요."
라고 말하자,
"그럼요. 너무 바빠서 죽을 틈도 없어요."
틀림없는 명언이다. 이 말에는 철학이 담겨 있다. 죽음이 파고 들 여지가 없을 정도로 자신을 바쁘게 만든다는 의미다. 끊임없이 일과 그 밖의 다른 흥미를 좇아서 스스로 자신의 존재의의를 찾고 있는 것이다.

나도 가능하다면 마지막까지 바빠서 죽을 틈이 없는 삶을 살고 싶다.

'허리가 삐끗하는 것도 재미있네'

그리고 3년 뒤 모즈메 다카카즈 씨의 부고기사가 나왔다. 유명인이기 때문에 모든 신문의 사회면에는 그의 기사가 실려 있었다.
"마침내 돌아가실 틈이 생기신 건가?"
한순간 기운이 빠졌지만 기사를 읽고 있자니 나도 모르게 웃음이 나왔다.

일주일 정도 입원하는 동안 그는 마지막까지 의식이 분명했다. 그리고 젊은 간호사의 뒷모습을 눈으로 쫓고 있었다.

신문에 그렇게 쓰여 있었다.

"마지막까지도 이성에 대한 관심을 잃지 않았다. 계속 흥미를 갖고 있었어."

기뻤다. 가능하다면 나도 그렇게 살고 싶다.

남자는 여자를 사랑하자. 여자도 남자를 사랑하자.

가슴이 뛰는, 사랑하는 마음을 갖고 있는 사람은 행복하다.

이미 오래 전에 세상을 떴지만 양로원에서 만년을 보낸 작가 죠 나츠코 씨는 여든을 넘은 나이였지만 손수 에나멜로 모양을 낸 안경을 쓰고 망토를 두른 모습이 귀여웠다. 내가 찾아갔을 때 이런 말을 했다.

"이곳에서 멋진 장미정원을 돌봐주는 정원사가 있어요. 그 젊은이의 다리는 얼마나 눈부신지 몰라요."

그는 그 청년에 대한 옅은 상념을 『정원사』라는 소설에 담았다.

『오한』 등의 명작으로 잘 알려진 우노 치요 씨의 집은 우리 집에서 멀지 않은 거리여서 직접 찾아간 적이 있다.

아흔을 넘은 그는 허리를 다쳤지만 전혀 괴로워하지 않고 이렇게 말하는 것이었다.

"허리를 좀 다쳤는데, 이러고 있으니 재미있네요."

허리를 다친 첫 경험을 아픔으로 이해하기보다 재미있다고 생각했기 때문인지 얼마가지 않아 곧 회복되었다. '죽을 때까지 이렇게 누워서 지내야 되는 건 아닐까?' 걱정을 앞세우지 않는 낙천적인 마음이 회복을 돕는다. 자기 앞에 놓인 상황을 비관적으로 보지 않고, 한걸음 더 나아가서 기분 좋게 받아들일 수 있는 재능이 있다면 병도 저절로 나을 것이다.

그는 젊은 시절부터 스캔들이 많아 주변의 작가와 화가의 이름이 오르내렸지만 아흔을 넘어서도 젊은 남자 친구들이 많았다.

그의 장례식 때 양쪽을 우노 씨가 좋아하는 벚꽃으로 장식하고 직접 디자인한 가장 좋아하는 기모노를 장식하도록 연출한 것도 젊은 남자 친구 가운데 하나였던 영화감독 다츠무라 진 씨였다.

남자친구 만드는 법

만남은 양로원에서?!

나이를 먹으면 교제범위가 좁아지고 친구도 만들기 어려워진다.

최근 어느 강연회에 함께 참가했던 젊은 논픽션 작가에게 들은 이야기가 있다. 양로원에서 남자친구, 여자친구를 사귀는 것이 유행하자 양로원에 들어가려는 사람이 늘었다는 것이다. 친구라고 해서 단순히 정신적인 친구 사이가 아니라 육체관계가 포함된 의미라고 한다. 노인의 성은 부각되는 일이 적고 젊은 시절과 달리 여간해선 축복받지 못하지만 심각한 문제 가운데 하나라고 한다.

우리에게 있어서, 나이가 들어 성을 화제로 삼는 것을 꼴불견이다, 추하다고 인식되어 왔다. 하지만 곰곰이 생각해보면 인생이 얼마 남지 않은 만큼 그보다 중요한 것은 없을지도 모른다.

욕망이 말라버리는 것이 나이든 사람의 미덕이라는 생각은 당치도 않다. 나이가 들었기 때문에 더더욱 호기심을 갖고 활기찬 삶을 살아야 하지 않을까.

내 주변에도 젊은 남자가 많다. 나이를 먹을수록 자연스럽게 젊은 사람에게 관심이 쏠린다. 나이가 든 만큼 젊음을 접하면서 젊어지고 싶다는 증거일 것이다.

그렇다면 어떻게 하면 친구가 될 수 있을까? 배우들의 경우에는 함께 연기하는 젊은 배우가 많지만 평소에는 좀처럼 만나지 않는다. 아들 혹은 딸 정도 나이의 사람과 친구가 되기는 어렵다.

문화센터와 같이 취미생활이나 공부할 수 있는 자리는 친구를 만들 때 아주 유용하다.

지인 중에 예순에 대학에 들어가서 법률을 공부하고 대학원까지 다닌 사람이 있다. 그의 이야기를 들어보면 20대 학생과 함께 배우는 것은 아주 특별한 즐거움이 있는 듯하다.

함께 여행을 다니는 이야기를 들어보면 재미있다. 나도 이따금 대학의 특별강좌나 공개강좌에서 강연을 하는데, 좌석을 메운 많은 젊은 학생들을 보고 있으면 기분이 좋다. 그들이 나에게 시선을 고정하도록, 지루해하지 않도록 열의를 다하게 된다. 내가 열정을 쏟으면 내 열정에 반응하듯 강의가 끝난 뒤에 질문을 하거나 감상문을 보내주는 사람들도 있다. 열심히 한 만큼 젊은 사람들도 그것을 받아들여주는 것이다. 반대로 적당히 때우려고 하면 시작한 지 얼마 되지 않아서 졸거나 옆 사람과 이야기하는 사람이 나온다.

마음에 드는 이성을 한 사람 찾자

우리 집에는 남편을 찾는 학생들의 전화가 자주 걸려온다. 남편은 대학교수다. 취직시험이 가까워지면 거의 매일 밤 전화와 팩스가 끊이지 않는다. 같은 학생에게 몇 차례 전화를 받다보면 나도 잘 아는 사람처럼 생각된다. 취직시험을 치면서 결과가 좋든 나쁘든 결과를 보고해주는 학생들은 무척 귀엽다. 작년에는 두 사람이 방송국에 들어갔고, 신문사에 들어간 사람도 있다. 취직을 축하하는 자리에는 나도 함께 나간다.

남자든 여자든 처음에는 긴장하지만 내가 방송국에서 일했다는 사실을 알고 이야기를 걸어오기도 한다. 그들이 만든 다큐멘터리를 보거나 텔레비전에서 그들의 모습을 보는 것이 기분 좋다. 남편과 나는 각자의 일을 갖고 있어서 오랫동안 상대방의 일에 간섭하지 않고 따로 행동했지만 쉰을 넘긴 뒤부터 조금 달라졌다. 내 친구 모임에 남편이 걸음을 하고 남편 친구가 모이는 자리에 내가 나가면서 우리 부부에게는 친구가 늘었다.

일의 특성상 젊은 편집자와 만나는 일이 많은 나는 그 편집자가 결혼하는 단계가 되면 반드시 그 배우자와 함께 식사하는 자리를 만든다. 그런 만남이 즐겁고 나도 그들 부부와 사이좋게 지내려고 애쓴다. 결혼식에 참가해서 덕담도 해준다. 올해는 친척의 딸과 지인의 딸이 결혼을 했다.

나는 두 신부의 신랑을 볼 때도 내 잣대로 바라보는 나 자신을 발견하고 웃고 말았다.

내가 아는 어떤 사람은 지휘를 할 때 합창이나 오케스트라 멤버 가운데 마음에 드는 여성이 한 사람 있으면 지휘하는 것이 즐겁다고 말한 적이 있다. 텔레비전을 볼 때도 이따금 그런 것을 깨닫는다. 카메라맨은 군중 가운데서 자신의 마음에 드는 여성을 골라서 찍을지도 모른다. 그런 즐거움은 몇 가지가 되든 용서할 수 있다.

2

연애 기분을 즐긴다

'맛있는 거라도 먹으러 가요'

아주 조금 그런 기분으로

"다음엔 술 한 잔 하러 가요."
"그거 좋죠."

이런 대화를 나누어 본 적이 있는가. 일을 함께 하거나 파티에서 얼굴을 마주했을 때, 우연히 만났을 때 등 상황은 다양할 것이다. 그때 이런 대화가 오간다는 것은 왠지 모르게 기분이 좋다. '다음'과 '귀신'은 누구하나 본 적이 없다고 하는 말처럼 그렇게 말하더라도 대부분은 실현이 어렵지만, 그런 대화가 오가는 것은 그것대로 좋다. 단순히 인사치례라고 생각하면 의미가 없고 그럴 마음이 있다고 생각하고 싶다.

그 말을 한 것은 그 자리에서는 분명 그런 기분이 들었기 때문이다. 나는 그런 제안을 받으면 순순히 동조한다. 그런 분위기를 즐기는 것이다.

그런 대화는 물론 남자와 여자가 나눈 대화다. 친하지 않더라도 상대방에 대해 조금이나마 호감을 갖고 있지 않다면 그런 대화는 성립하지 않는다. 그런 대화는 마음이 내키지 않는 사람 사이에서 오갈 수 없기 때문이다. 그런 대화를 나누고 있으면 실제로 함께 술을 마시지 않았더라도 함께 마신 기분이 된다. 그것이 재미있다.

나는 젊었을 때는 자주 술을 마셨다. 방송국에 입사하여 나고야로 전근 갔을 때 '잘 마시는 재능'을 깨달은 뒤로 거의 매일 밤 마셨다. 돈이 없었기 때문에 싸구려 술을 마시거나 얻어 마셨다.

그 기숙사에는 1년 선배가 있었다. 그 역시도 말술을 마다하지 않는 사람이었다.

'술을 잘 마신다'고 소문이 나자 '마시러 가자'고 말하는 사람이 많았다. 다시 도시로 돌아온 뒤에도 자주 마셨고, 내 남편도 함께 술을 마시던 친구 중 한 사람이었다. 그 작은 체구에 술이 어디로 들어가느냐고 말하는 사람도 있었지만, 추태를 보이고 싶지 않았기 때문에 적당히 조절해가면서 마셨다.

그런 젊은 시절이 있었기 때문에 지금도 얼굴을 마주하면 '마시러 가자'는 말을 자연스럽게 해온다.

하지만 나는 언제부턴가 전혀 술을 못하게 되었다. 마시면 못 마실 것은 없지만 다음날 무척 힘들다. 일에 지장이 생기는 것이다. 오후 3시쯤 되면 거짓말처럼 정신이 맑아지던 젊은 시절의 내가 아니다.

원래는 저혈압이었지만 마흔다섯 즈음부터 혈압이 높아지더니 체질도 바뀌었는지 마시고 싶은 생각이 들지 않았고, 점차 마시지 않게 되었다. 나의 젊은 시절을 아는 사람들은 걱정이 되는지 '무슨 일이냐'고 묻는다. 설명을 하고 나면 대개는 이렇게 말한다.

"하긴 옛날에 평생 마실 것을 마셨으니 무리도 아니지."

한 사람이 평생 마실 주량이 정해져 있다면 체구가 작은 나는 이미 젊은 시절에 그것을 모두 채웠는지도 모르겠다.

말이 미묘하게 바뀐다

나뿐만이 아니다. 어느 정도 나이가 들면 누구나 주량이 떨어지는지 보기만 하면 '마시러 가자'고 하던 사람도 말이 미묘하게 바뀌었다.

얼마 전 한 표창식장에서 있었던 일이다. 언제나 한잔 하자고 말했지만 한번도 둘이 술을 마신 적 없는 한 방송국관계자를 만났다. 물론 남자다.

"요즘 술 드세요?"

'마시러 가자'는 말이 미묘하게 바뀌었다. 젊은 시절 동료들과 함께 술을 마시러 가면 동료와 술자리를 하고 있는 그를 자주 만나곤 했다.

"아뇨. 별로 안 마셔요. 요즘 술 드세요?"

라고 같은 물음을 던졌다.

"그게 말이죠, 의사에게 허락을 받아야 해요."

이야기를 들어보니 가벼운 뇌경색을 일으킨 적이 있어서 술을 마셔서는 안 되는 모양이었다. 주변을 둘러보면 그런 사람만 늘었다. 그래서 나는 말했다.

"괜찮아지면 마시러 가요."

"예, 꼭 그렇게 하죠."

아마도 그와 함께 술자리를 할 기회는 없을 것이다. 하지만 내가 던질 수 있는 격려의 말이 그것이었다. 상대편도 내 말의 의미를 이해하는지 말을 받았다. 그렇게 서로의 기분이 통하고 있다는 것이 기분 좋다.

옛날에 내가 연인과 함께 자주 가던 바가 있었다. 그곳은 기껏해야 열 명 정도밖에 들어가지 못하는 좁은 술집이었다. 그후 꽤 시간이 흘러 그곳에서 우연히 오래된 친구를 만났을 때 '다음에 마시러 가자'는 말을 했는데 좋다고 말은 했지만 그것으로 끝이었다.

그런 일이 두세 번 있고 1년 쯤 전에 그 친구가 연출하는 오페라를 보러 갔다. 지인이 출연하고 있어서 분장실을 찾아갔다가 입구에서 그와 마주쳤다.

"다음에 맛있는 거라도 먹으러 가요."

"네, 좋죠."

라고 말하면서 나도 모르게 웃고 말았다. '술'이 아니라 '맛있는 것'으로 바뀌어 있었기 때문이다.

꿈에서 만납시다

꿈을 계속해서 꾸는 방법

꿈의 다음 이야기를 계속해서 꿀 수 있을까? 새벽녘의 꿈에 한해서지만 나는 꿈의 다음 이야기를 몇 번이나 꿀 수 있다. 화장실에 가기 위해 잠이 깨면 꾸던 꿈이 끊긴다. 그런 경우 나는 아쉽다는 생각으로 다시 이불 속으로 들어가 앞서 꾸었던 꿈을 반추한다. 그러면 잠들기 시작하면서 다시 같은 꿈을 꾼다. 나는 뒤척거리면서 다시 꿈의 다음 이야기를 꾸려고 생각한다. 그렇게 해서 그 다음 이야기를 꾼다.

언젠가는 똑같은 꿈을 세 번 꾸었던 적이 있다. 옛 연인의 꿈이었다. 어느 정도 나이가 들어 두 사람이 우연히 재회했다. 주변에 사람들이 있어서 두 사람만의 자리를 만들기가 어려웠다.

젊었을 때처럼 나는 그의 일이 끝나기를 기다려 둘이 식사하러 갈 것을 약속했지만 지인이 찾아와서는 방해를 하는 것이 아닌가. 하지만 어렵게 두 사람이 있을 수 있게 되었다고 생각하는 순간 반드시 잠이 깬다. 꿈에는 끝이 없다. 뭔가 깊은 의미가 담긴 듯 끝나고 만다.

이런 상황에서 잠을 깬다면 어떻게든 다음 이야기를 꾸고 싶다고 생각할 것이다. 다음 꿈에서는 그의 젖은 목소리가 귓가에서 들리고 어깨에 올려진 손길을 느낄 때도 있지만 그 즈음에서 또다시 잠을 깨고 만다.

그러는 동안 일어나야 할 시간이 가까워지고 아쉽지만 잠을 깬다. 꿈은 '조금 더' 하는 간절함이 있을 때 끝나고 그렇기 때문에 항상 불만스럽다. 그래서 다시 그 다음 꿈을 꾸었으면 하고 바라는 것이다.

꿈의 다음 이야기를 꾸기 위한 조건은 그 꿈을 꾸고 싶다고 바라는 것이다. 꿈이 마음의 풍경이라고 하는 것을 보면 내 마음속에는 지금도 옛 연인이 살아 있다는 얘기일까. 실제로 옛 연인과 헤어졌을 때도 분명하지 않았다. 실연에 가까운 형태로 끝났던 것이 마음 한 구석에 미련으로 남아 있는 것일까.

늦잠 자기 쉬운 봄날 아침, 옅은 잠에 취해 꾸는 꿈은 나른하면서도 기분이 좋다. 잠을 깬 뒤에도 한동안 행복에 젖을 수 있기 때문이 아닐까.

꿈에서 가장 많이 보는 것은 옛 연인이다. 그 외에도 몇 가지 사랑 비슷한 것이 있었지만 마음을 뒤흔들지는 못했다. 그런 사람들은 무엇보다 꿈에 등장하지 않는다. 그보다는 농담으로 괜찮다고 생각했던 사람이 등장하는 일도 있다.

꿈에서 노모를 보았다!

내가 아는 어떤 사람은 한 달에 한 번 모이는 하이쿠 모임에서 30년 가까이 보아 온 사이이다. 야구를 좋아하는 그와, 야구는 잘 모르지만 텔레비전에서 야구중계를 자주 보는 나는 노모 히데오 투수를 좋아하는 것이 똑 같다. 노모가 메이저리그에서 좋은 성적을 올리던 무렵에는 마주 앉으면 미국에 가보고 싶다는 말을 하곤 했다.

나는 노모가 투구할 때 흰자위가 크게 확대되는 모습이 좋아 보였다. 그리고 트레이드 등으로 노모가 어려움을 겪었을 때는 가슴이 아팠다.

그러던 어느 날 노모의 꿈을 꾼 것이다. 개인적으로 만난 적이 없는 단지 팬일 뿐이지만 쉽지 않은 기회이기 때문에 노모와 어떤 관계가 될지 그 다음의 꿈을 꾸고 싶었다. 그런데 다음의 꿈에서는 따뜻하게 말을 걸어주는 것이 아닌가. 시합이 끝난 뒤 무슨 일이 일어날까 기대를 걸고 있는데 느닷없는 요란한 알람시계의 소리에 꿈은 덧없이 사라졌다. 노모 씨에게는 죄송한 생각이 들지만 꿈을 꾸는 것은 그 사람 마음이다. 그날은 하루 종일 행복했다. 다음 날 '꿈에서 노모를 보았다' '그 다음 꿈도 꾸었다'며 모임에 나온 사람들에게 말하고 다닌 것은 말할 것도 없다.

언젠가 일을 함께 하는 사람들과 식사하는 자리에서 주최자 측의 전무이사가 이런 말을 했다.

"저는 어떤 꿈을 꾸겠다고 생각하면 반드시 그 꿈을 꿉니다."

그의 말인즉 잠자리에 들기 전에 꿈꾸고자 하는 것을 마음속에 담고 그대로 잠들면 새벽 무렵 그 꿈을 꿀 수 있다는 것이다.

어떤 꿈인가는 물어보지 않았지만 한 여성에 관한 꿈이 많다고 한다.

현실에서 이루지 못한 꿈이나 어떤 사연이 있어서 중도에 포기할 수밖에 없었던 꿈을 지금도 계속 갖고 있는 남자가 멋있게 보였다.

꿈의 다음 이야기까지는 아니더라도 달콤한 꿈을 꾼 일이 있는가.

나는 몸이 약했던 어린 시절 무서운 꿈에 시달리는 일이 많아서 꿈이라고 하면 무서운 것 뿐이었지만 무슨 이유 때문인지 나이가 들수록 달콤한 꿈을 꾸는 일이 늘었다. 나는 언제까지고 잠이 깨지 않는 꿈을 꾸면서 잠에서 죽음을 맞고 싶다.

그 순간이 올 때까지 꿈의 다음 이야기를 좇아 결말이 없는 꿈에 푹 빠져들고 싶다.

행복한 기분을 주는
사람을 만들자

동경하는 그 사람이 당신을 행복하게 한다

젊은 시절 좋아하는 배우나 가수의 브로마이드를 방에 걸어두고 그, 혹은 그녀로 인해 행복해 했던 적은 없는가? 아무도 모르는 비밀스런 즐거움이 있고, 어떤 누구에게도 방해받지 않고 상상의 세계로 빠져든다.

나는 포스터나 브로마이드 등을 적극적으로 사들이지는 않았지만 마찬가지로 스타를 동경했다.

내가 젊었을 때는 다카라즈카(여성들만으로 이루어진 극단-옮긴이)와 함께 쇼치쿠가극단이 있었다. 나는 그 가운데 남자 역을 맡았던 '아케보노 유리'를 동경했다. 달콤한 분위기를 연출하는 미소 띤 얼굴이 좋았다.

남자 역이었으니 이성에 대한 동경이 변형된 것이었는지도 모른다. 그 당시 소녀소설이 유행하던 때라 읽고 난 뒤에는 소설 속의 주인공이 되어 있었고, 주인공 소녀의 흉내를 내기도 했다.

누군가를 좋아하고 누군가를 동경하는 기분은 사람을 행복하게 만든다. 그것은 젊은 사람에게만 주어진 특권이 아니다. 오히려 나이가 들수록 동경하는 것을 적극적으로 만들 필요가 있다.

내가 방송국에 몸담고 있던 시절부터 인연을 맺어온 작가 부부와는 함께 오페라를 보러 다니기 때문에 부부의 두 딸은 태어날 때부터 알고 있다. 당시부터 이 작가 부부 집에서 집안일을 도와주는 가정부는 이미 일흔을 넘겼다. 그 아줌마의 건강비결은 어떤 대중 가수 팬이기 때문이란다.

자기가 좋아하는 대중 가수의 사진은 물론이고 방에는 브로마이드도 있다.

그 작가 부부의 둘째 딸은 대학을 졸업한 뒤 방송국에 취직했는데, 처음 맡은 일이 홍보부에서 집안일을 도와주는 아줌마가 좋아하는 대중 가수를 담당하는 것이었다. 그 둘째 딸은 집안일을 도와주는 아줌마를 위해 가수에 관한 정보를 알려주었고, 아줌마는 그런 속에서 활기를 이어갔다.

얼마 전에는 그 가수가 나오는 프로그램의 공개방송티켓을 얻어서 아줌마에게 선물했더니, 며칠이 지나도록 그 여운이 식지 않왔다고 한다.

'오빠부대'가 되자

내가 다니는 모임의 친구는 어느 프로야구 감독의 팬이다. 무슨 일을 하다가도 그 야구팀 시합이 방송되면 텔레비전에서 시선을 떼지 못한다.

또 어느 작가는 오페라를 좋아하는데 그는 도밍고의 팬으로 도밍고가 일본을 방문할 때면 도밍고의 스케줄에 맞추어 따라다닌다.

나는 도밍고가 처음으로 일본을 방문했을 때 독창회와 그 뒤의 파티에 초대를 받았다. 남성과 함께 정장차림을 해야 한다는 조건이었기 때문에 마음껏 멋을 내고 나갔다.

무대에 선 도밍고는 크게 보였다. 독창회가 끝나고 파티에 모습을 드러낸 그는 무대에 서 있던 모습만큼 크지 않았지만 얼굴에 미소를 띤 따뜻한 남자였다. 소개해주는 사람이 있어서 한두 마디 이야기를 나누고 악수를 하고 프로그램에 사인도 받았다.

옛 사랑을
버려선 안 된다

몇 살이 되든 사랑하는 사람은 아름답다

내가 아는 어느 작가가 이런 말을 한 적이 있다.

"젊은 시절 꿈을 떠올릴 수 있는, 옛 사랑에 젖어 있고 싶다"고. 동감이다. 젊은 시절 꿈을 유지해가는 것이 젊음이다. 사랑하는 기분에 젖어서 그때로 돌아갈 수 있는 나 자신이 좋다. 연애소설을 읽을 때도 그 이야기 속에 자신을 끼워 넣을 수 있기 때문에 재미있는 것이다.

신문에 연재하는 소설 등은 남자나 여자나 모두 이야기에 흠뻑 빠져서 다음 이야기를 기다린다. 매일 아침 그것을 읽음으로써 하루가 기분 좋은 사람도 많을 것이다. 자신이 이야기 속의 주인공이 되어 애절한 기분을 느끼는 사람도 있을 것이다.

그 기분을 잃어버린다면 정말 늙었다고 해야 할 것이다.

나는 지금도 사랑을 그린다. 현실에서는 사랑하기가 쉽지 않지만 옛 사랑 속의 자신을 발견하고 그것을 즐긴다.

어딘가에서 우연히 만날 수 있으리라는 기대는 언제나 갖고 있다. 특히 여행을 갔을 때 신칸센 안에서 마주치는 것은 아닐까, 하는 생각에 주변을 둘러보기도 하고 공항로비에서 누군가 말을 걸어오는 착각에 빠질 때도 있다. 특히 외국에 나갔을 때는 마음에 여유가 생긴 탓인지 이런 저런 망상에 젖어든다.

도심 호텔의 엘리베이터에서 옛 연인과 마주쳤던 일이 있다. 나와 그 두 사람 사이에는 한 동안 침묵이 흘렀고 더 이상 참지 못하겠다는 듯 상대방이 말을 걸어왔다.

"어떻게 지내세요?"

"잘 지내시는 것 같네요."

그것이 전부였다. 마주치면 좀 더 멋진 말을 하려고 생각하곤 했는데 말이다.

언젠가 만날지도 모른다

팬클럽모임을 위해 핀란드 헬싱키를 방문했던 어느 해 9월, 큰 홀의 훌륭한 로비에서 시장이 주최한 파티가 열렸다. 인파를 헤치고 홀 입구 쪽으로 간 나는 문을 열었다. 그 문은 안으로 빨려 들어가듯 열렸고, 나는 아무도 없는 객석에 자리를 잡았다.

홀에는 불이 켜져 있었고 뚜껑이 열린 무대 위의 피아노 앞 쪽에 바이올린이 놓여 있었다. 조금 전까지 사람이 있었던 흔적이 느껴졌다. 연습을 하다가 잠깐 휴식을 취하러 간 것일까.

나는 객석에 앉았다. 그때 나는 양귀비꽃 같은 붉은색 옷을 입고 있었기 때문에 그 사람이 돌아온다면 바로 눈치 챘을 것이다.

나는 무대 위에서 나의 옛 연인을 보고 있었다. 연주회를 위해 방문한 핀란드의 한 홀에서 재회한 것이다. 그는 객석에 앉은 단 한명의 관객을 위해 연주했다. 나 한 사람을 위해 마음을 담아서.

무대로 돌아온 사람은 아무도 없었다. 내 이야기는 거기에서 끝났지만 나는 너무나 행복했다. 꿈을 만든 것이 기뻤다.

"무슨 좋은 일이라도 있는 모양이지."

로비로 돌아오니 만나는 지인들마다 그렇게 말했다.

언제든 계속해서 꿀 수 있는 꿈이 나에게는 있다. 그것은 나의 소중한 재산이다. 나는 젊었을 때 마음을 다해 사랑했던 사람이 있다. 운명적인 사랑을······. 그리고 언젠가 다시 만날 날을 기다리고 있다. 만약 다시 만나지 못한다고 해도 그렇게 계속 믿으면서 죽어갈 수 있다면 그것도 행복하다.

젊었을 때는 사랑을 해두어야 한다. 친구 같거나 사랑 비슷한 것은 안 된다. 상대방에 정말로 푹 빠져본 사람은 설사 실연을 당하는 한이 있더라도 그것을 조금씩 꺼내서 바라보면서 충분히 살아갈 수 있다.

현실과는 다른, 남편이나 아내와는 다른 연인을 갖고 싶다. 마음속에서만이라도 좋다. 몇 살을 먹든 누군가를 사랑하는 기분으로 살고 싶다.

...3

명함에서 직함을 버려라

자신다움으로 승부를 걸자!

직함을 가지고 잘난 척 하는 남자들

나는 파티는 좋아하지 않는다. 정말로 친한 몇 사람이 모이는 모임이나 내가 주최를 하거나 내 역할이 주어진 경우는 별도로 하고 불특정다수를 위한 파티는 별로 좋아하지 않는다.

어느 정도 나이가 들고 퇴직한 사람들이 많이 모이는 경우 오가는 이야기는 대개 옛날이야기이다. 회사에 몸담고 있던 시절의 상하관계를 버리지 못하고 말하는 사람이 많다. 부장이나 국장, 지국장 등의 직함을 그대로 코에 걸고 나온다.

자신이 그 지위에 있던 과거의 자랑거리뿐이다. 그런 모습은 한마디로 '꼴불견'이나. 나는 세이쇼 나곤의 마쿠라조시(헤이안 중기의 수필로 궁중생활의 체험을 쓴 것. 겐지이야기와 함께 헤이안시대 여류문학의 쌍벽으로 일컬어진다-옮긴이)를 원문으로 읽고 있는데, 그의 가치관에 바탕을 두고 써내려 간 글은 실로 통쾌하다. 그때도 자신의 지위를 코에 걸고 과거의 직함을 가지고 잘난 척하는 남자들이 있었을 것이다.

직장생활을 접고 집에서 지내다 보면 오랜만에 만난 사람들에게 옛날 자신의 모습을 떠벌리고 싶어질지도 모른다. 그런 기분은 이해한다. 하지만 그런 모습은 아름답지 않다. 과거의 영광을 다른 사람들이 알아주었으면 하는 마음이겠지만 그런 것은 조직의 테두리 안에서나 쓰이는 헛된 이름에 지나지 않는다. 지나간 일 이외에 내보일 것이 없는, 자랑 거리가 없는 사람은 아무런 가치도 없다. 내가 가장 싫어하는 '꼴불견'이 그런 것이다.

싱거운 옛날이야기는 물론이고 조직의 이야기는 절대로 하지 말자. 그런 이야기 밖에 못한다는 것은 지금을 살지 못하고 있다는 증거다. 직무를 떠난 자신에게는 아무런 의미도 없는 것을 보여준다.

지금 이 순간에 흥미를 갖고 지금의 자신에 대해 말할 수 있는 사람이 되자. 직위를 떠났을 때 비로소 그 사람의 가치를 알 수 있다. 정년을 맞은 남자들이 초라하게 보이는 것은 과거에 지나치게 집착하기 때문이다. 그런 생각을 갖고 있어서는 불량노년, 즉 노년을 자유롭게 살 수 없다. 불량노년의 첫 번째 조건은 생기가 있어야 한다. 자신의 지금 모습을 응시하면서 살 수 있어야 한다.

남자들에게 물어보면 명함에서 직함이 없어지는 것이 왠지 불안하다고 말한다. 사고방식이 유연한 듯 보이는 남자도 명함을 보면 이런 것까지 써넣는가 싶은 것까지 적어놓는 사람이 많다. 명예직이나 이름뿐인 것이 줄줄이 인쇄되어 있다. 내 명함에는 이름과 뒷면에 적어놓은 사무소와 자택의 연락처가 전부다.

'남자는 사회적인 동물이다'라고 반론하는 사람도 있겠지만 그렇다면 현장에서 일하는 그 기간까지로 한정하는 것이 어떨까 싶다. 이것저것 되는 대로 적어놓은 직함을 보면 그야말로 불쌍한 생각 이외에는 들지 않는다.

불량노년의 조건은 명함에서 직함을 없애는 것이다. 그것이 시작이다. 그것을 견뎌내는 사람만이 멋을 안다. 불량노년은 멋을 알아야 한다. 직함이 아닌 본인의 이름 하나로 승부하자. 예순을 넘으면 그 사람의 모습을 보고 판단한다. 그 사람 자신의 내면에 쌓인 것이 빛을 발하는 것이다.

정년 후에는 자유로운 마음을 되찾자

이제부터는 정말 좋아하는 것, 하고 싶었던 일을 하자. 직업으로 자신이 원하는 것과 다른 길을 선택했을지 모르지만 살아오면서 동경했던, 목표로 했던 것을 하자. 중학교, 고등학교 시절, 감수성과 고민으로 가득 찼던 시절에 좋아했던 것이 대부분은 그 사람이 진짜 좋아하는 것이라고 한다.

"뭐든 한 가지만 잘하면 살 길이 있다"는 말이 있지만 생각지도 못한 곳에서 도움을 받을 때가 있다.

어렸을 때 화가가 되고자 했던 지인은 다시 붓을 들어 곳곳을 찾아다니면서 스케치를 했다. 그 그림을 본 사람이 그에게 리포트를 의뢰했다.

그는 나와 같은 나이로 신문사를 나온 뒤 많은 책을 썼고 텔레비전프로그램에서 스케치를 하면서 여행을 했다. 쇼나이로 구로카와노(야마가타현 히가시타가와군의 구로카와에 전해지는 가면극-옮긴이)를 보러가는 등 매년 함께 여행을 하지만 언제나 스케치 노트를 손에서 떼지 않는다. 물감도 가방에 넣어 다닌다.

어느 정신과 전문의는 여든이 넘었지만 기력만큼은 더 정정하다. 매년 세계일주하는 배에서 강사로 활약하고 있고, 취미는 비행기다. 여행을 가면 맨 먼저 박물관을 찾아가서 비행기를 본다. 비행기를 바라보는 그의 눈은 소년의 눈이다. 눈이 빛나는 것도 불량노년의 조건이다. 불량은 마음의 자유로움을 말한다. 직함이나 과거에 연연해하지 않는 자유로운 마음이 있는가, 하는 것이다.

넉넉한 자유로운 마음을 되찾을 때 즐겁게 살 수 있다.

'지금 뭐하세요?'에 대답하는 법

직업이 아닌 자신의 삶에 대해 말하자

'지금 뭐하세요?'라고 물으면 뭐라고 대답하는가.

직업이 아닌 자신의 삶에 대해 말할 수 있는 사람은 멋있는 사람이다. '무엇을 하고 있는가?'는 직업을 묻는 말이 아닌데도 직업으로 해석하는 사람이 많다.

'지금 이런 일을 하고 있어요.'라고 하면서 새로운 명함을 내놓는 사람이 있다. 그들이 내미는 명함을 보면 그럴 듯한 고문이나 감사 등의 직함이 적혀 있다. 취미모임의 회장을 명함에 박고 다니는 사람도 있다.

내 주변에는 예전에 방송국이나 신문사, 잡지사에서 날던 새도 떨어뜨릴 정도로 대단한 힘을 가졌던 사람이 많다.

그들 중에 한 사람은 직장을 그만둔 뒤에도 사장이라는 직함에 미련을 버리지 못하고 직원을 서너 명 둔 작은 사업을 시작했다. 하지만 회사 직원에게 속아 도산의 위기에 처하고 말았다. 그에게는 꿈이 있었다. 학생시절에는 러시아문학에 푹 빠져서 몇 차례나 러시아를 찾아갔고, 러시아를 무대로 다큐멘터리를 만들기도 했다. 러시아를 테마로 한 책도 쓰고 싶어 하지만 사회생활에 미련을 버리지 못한다.

그의 주변에 있는 사람들은 그가 남은 인생을 러시아문학에 걸었으면 하는 마음으로 바라보고 있다. 요즘 그는 러시아 관련 연구회를 만든 뒤로 곳곳에서 도와달라는 연락이 줄을 잇고 있어서 자신의 꿈을 이룰 수 있는 길이 서서히 열리고 있다. 오래전부터 그를 알고 있는 나는, 그가 사회생활에 미련을 버리지 못하는 것은 안타깝게 생각하지만 한편으로 꿈을 좇는 모습만큼은 좋게 보인다.

제2의 인생은 정원사

"지금 뭐하세요?"
"정원사예요."
그 남자는 입가에 한 가득 웃음을 담고 말했다.

믿음이 가는 미소와 단련된 팔다리를 보면서 나는 그만 넋을 잃었다. 정원사라는 직업은 견습과정이 필요하고 몸을 많이 움직여야 하는 일이다. 멋있지 않은가.

그는 젊은 시절 아르바이트로 일하던 방송국의 보도국에 취직했다. 정식취업이 아니었기 때문에 고생도 많았을 것이다. 그렇기 때문에 자신의 인생은 무엇인가를 생각했을지도 모른다. 그런 그가 쉰을 넘기고 제2의 인생으로 정원사를 선택했다. 무보수로 1년을 계속해야 한다는 조건으로 제자로 들어가 1년이 지난 지금은 독립하여 아침 일찍부터 밤늦게까지 일한다.

식물을 통해 자연과 환경을 바라보는 그의 눈은 예리하다. 그런가 하면 휴가에는 소형 오토바이를 타고 멀리 '사과 꽃'을 보러가는 낭만주의자다. 그렇다. 불량노년은 낭만이 있어야 한다.

그는 다른 사람이 묻지 않는 한 방송국에서 일하던 옛날 일을 말하지 않는다. 이따금 말할 때가 있지만 대부분은 지금 하는 정원사 일과 관련된 이야기다. 그의 이야기는 재미있다. 자원봉사로 지역사회에서 가지치기를 가르치고 있는데, 정원가꾸기 붐으로 여성들에게도 인기가 있다고 한다.

자신을 믿는 마음가짐

"지금 뭐하세요?" "신문배달이요."

방송국에서 일하던 또 다른 한 사람이 이렇게 대답했다. "가만히 있으면 팔다리가 약해지잖아요. 그래서 아침 일찍 신문배달을 해요. 아픈 걸 몰라요." 건강관리와 일을 겸해 일석이조다. 지금은 큰 신문대리점을 맡아서 방송국에서 일하던 때보다 수입이 더 많다고 너스레를 떤다.

멋있다는 말 이외에는 할 말이 없다. 신문배달이라는 일에 자부심을 갖고 있어서 그런지 그의 말은 시원시원하다. 어린 학생들의 아르바이트 정도로 밖에 생각하지 않는 신문배달을 노후의 직업으로 선택한 결심에는 머리가 숙여진다. 그렇다, 불량노년의 조건은 자신이 하고 있는 일에 자부심을 가져야 한다. 그것이 생활에 생기를 불어넣고 섹시한 남자로 만든다.

겉모양이나 직함에 의지하는 것이 아니라 자신을 믿는 마음가짐에서 남자의 섹시함이 느껴진다. 자신의 삶의 방식을 찾은 남자는 아름답고 언제나 젊다.

남편과 자녀의 이름으로 살아선 안 된다

자신의 이름과 자신의 얼굴을 갖자

여자의 경우는 어떤가. 사회진출이 많은 요즘, 남자와 크게 다를 것 같지 않지만 여자 중에서 직함을 과시하는 사람은 많지 않다. 하물며 퇴직한 후에도 그것에 매달리는 모습은 찾아보기 어렵다.

여자는 오랜 세월 남자 중심의 사회 속에서 분리되어 온 탓인지 본연의 자기 얼굴을 계속 가지고 있는 사람이 많다. 동창회에 나가도 직업인의 얼굴을 하는 것은 남자들이고, 여자는 주름이 늘거나 살이 찌는 일은 있어도 원래 갖고 있던 자신의 모습을 간직하고 있다. 책임이 무거운 위치에 있는 사람도 그 일이 좋아서 계속한 결과이지 그 직무를 목표로 한 결과가 아닌 경우가 많다.

남자와 같은 가치관을 갖고 있는 여성관리직도 늘었지만 집에 돌아가면 집안일도 하고 다른 얼굴을 갖는 경우가 많다. 비교적 자신의 얼굴을 유지할 수 있는 것은 그런 이유 때문인지도 모른다.

여자의 경우 문제는 자신의 이름을 갖지 않는 것이다. 'ㅇㅇㅇ씨의 부인' '△△의 어머니'라고 불리는 일이 많다. 개인으로 불리는 일이 없다. 그처럼 개인의 얼굴을 없애면 자유를 잃고 고착 상태에 빠진다.

'ㅇㅇㅇ 부장의 부인' '과장의 부인' 등으로 불리면 자신도 으쓱해진다. 그것이 남편이 속한 조직체의 직위에 지나지 않는데도 그것을 자랑으로 생각한다. 남편이 실직하거나 정년이 되면 어떻게 될까. 과거의 영광을 코에 걸고 꼴불견을 연출하는 추한 여자가 되고 만다.

자녀에 대해서도 마찬가지다. 자녀를 좋은 학교에 보내는 일만 생각하고 다른 사람을 부러워한다. 자신의 인생까지 자식에게 내 맡기는 것이다.

자신의 이름이 아닌 남편이나 자녀의 이름으로 사는 사람은 자유로운 노년을 보낼 수 없다. 여기에서 말할 수 있는 불량노년의 조건은 자신의 이름으로 사는 사람이다. 자녀를 살아가는 보람으로 의지해선 안 된다.

우선 남편에 대한 이야기를 그만하자. 자녀의 이야기를 하지 말자. 그리고 자신의 이름이 쓰인 명함을 만들자. 나는 명함을 썩 좋아하지는 않지만, 여자의 경우 특히 전업주부의 경우에는 자신의 명함을 만들 것을 권한다. 명함을 누구에게도 의지하지 않는, 자신을 표현하기 위한 도구로 활용한다면 명함은 자신을 돌아보는 아주 싼 방법 가운데 하나다.

1인칭으로 이야기할 수 있는 사람

'나는 이렇게 생각한다'라고 1인칭으로 말하는 습관을 들이자. 생각한 것, 느낀 것을 조금씩이라도 말하자. 그렇게 말하는 사람의 표정은 자신의 내면에 귀를 기울이고 있기 때문에 아름답다.

자신의 이름으로 산다는 것은 1인칭으로 이야기할 수 있는 사람을 의미한다.

필요 이상으로 자신을 내세우는 것이 아니라 자신을 응시하고 자신을 알려는 마음으로 이야기하자는 말이다. 그런 사람은 매력적이다. 틀림없이 자신도 깨닫지 못했던 자신을 발견하게 될 것이다. 그때 한없이 자유로움을 느낄 수 있고, 세속적인 가치관에서 한 걸음 물러나서 바라볼 수 있다. 발을 바닥에 고정시키고 있어서는 바닥을 제대로 볼 수 없다. 때로는 바닥에서 발을 떼고 편한 마음으로 바라보자. 그렇게 편한 마음으로 세상을 바라볼 수 있는 시간을 소중히 하자.

여자가 주의해야 할 일을 또 한 가지 말하면 집안이나 주변의 자랑을 늘어놓는 것이다. 사회생활을 하는 사람이나 이름이 알려진 사람 가운데도 그런 사람이 있다.

방송국에서 일하고 있을 때 할머니에게 물려받은 반지라며 자랑하길 좋아하는 여자가 있었다. 대부분의 사람들이 그와 이야기하는 것을 피했다.

집안 자랑을 하지 않는 것이 그 사람과 그 사람이 하는 일을 더욱 빛나게 한다.

지인의 딸이 결혼을 해서 축하연에 참석한 일이 있는데, 그때 새신랑에 대해 물으니 '평민입니다'라고 대답하는 것이 아닌가. 도대체 무슨 생각을 하고 있는지 알 수 없다.

그런 무리를 만났을 때 나는 얼굴에는 미소를 지으면서 마음속으로 이렇게 중얼거린다.

'그게 어떻다는 거야? 잘 났어, 정말.'

4

할머니란 말은 듣지 않겠다

람은 없다. 멋을 부리고 계속 활기차게 활동하고 있어서 4, 50대 정도로 보일지도 모른다.

"절대로 할머니란 말은 듣지 않을 거야."

라고 말하는 사람이 대부분 모두 젊게 보인다.

그들은 손자 손녀라는 말도 하지 않는다. 손자 손녀라고 부르면 상대적으로 '할머니'라는 사실을 자각하지 않으면 안 되기 때문이다.

내 일을 오랜 세월 도와주고 있는 어느 사람도 아들 둘이 모두 결혼해서 한 쪽은 아기가 태어났다. 수첩에 꽂아놓은 아기 사진을 보여주면서 할머니란 말은 듣지 않겠다고 말한다.

우리 모임의 어느 친구는 집 방향이 같아서 함께 택시를 타는 일이 많다. 얼마 전 함께 살고 있는 딸 내외에게 아이가 태어났다.

"절대로 할머니로 부르지 못하게 할 거야. 내 이름을 부르게 해야지."

그런 친구가 부럽다. 그렇게 어린 생명에게 그런 호칭으로 불린다면 그 말을 듣는 사람도 젊어질 것이 틀림없다. 그 친구는 모임에서뿐 아니라 영원히 자신의 이름으로 불릴 것이다.

요즘 남편의 조카에게도 여자아기가 태어났다. 붉을 주(朱), 여름 하(夏)를 씨서 '아아카'라고 부르지만 나는 한자 그대로 읽는 것이 개성이 있는 것 같아 '슈카 짱'이라고 부른다. 얼마 전에도

누구에게든 영원한 나의 이름

할머니는 몇 살부터?

내가 조모를 '할머니'라고 불렀던 어린 시절, 조모는 몇 살이었을까. 친할머니와 외할머니가 각각 아흔네 살과 아흔세 살에 돌아가셨으니까 돌아가실 즈음해서는 누가 보아도 할머니였음이 틀림없지만 내가 초등학교에 다닐 무렵이라면 할머니는 아직 60대로 지금의 내 나이 정도였다. 할머니는 당신이 할머니로 불리는 것을 어떻게 생각했을까. 기뻐했을까, 그렇지 않으면 세상의 관습에 따라서 어쩔 수 없다고 포기했을까.

나는 다행인지 불행인지 아이가 없기 때문에 '할머니'라고 불리는 일은 없지만 친구나 지인은 대부분 손자 손녀가 있어 할머니라고 불린다. 하지만 어느 사람을 보아도 '할머니'에 걸맞은 사노리코 부부가 함께 놀러왔는데, 슈카가 걸음마를 해서 내게 안겨 왔다. 슈카는 부드럽고 정말 사랑스러웠다. 나이로 따지면 손녀 뻘이 되지만 만약 슈카가 내 손녀라면 나는 그 아이가 내 이름을 불러주면 좋겠다.

노리코에게는 할머니가 있다. 슈카에게는 증조할머니가 되는 그분은 나이가 여든아홉이다. 그 정도 나이라면 '할머니'라고 부르는 것이 이상하지 않지만, 나와 비슷한 연배에게는 아직 이른 감이 있지 않나 생각해본다.

남자 쪽이 저항감이 없다

고나카 요타로 씨의 장녀인 사츠키 씨에게도 '린스케'라는 사내아이가 태어났다. '할머니'가 된 요타로 씨의 부인 하루미 씨는 성악가 특유의 목소리로, "나는 아이를 끌어안고 귀여워하는 타입은 아니에요." 라고 딱 잘라 말한다. 오히려 아기를 손에서 놓지 못하는 것은 남편 쪽이라고 한다. 요타로 씨답다. "하지만 안아주려고 해도 아이 쪽에서 좋아하지 않는 것 같아요."라고 하루미 씨는 말한다.

남자는 아이를 낳지 않는데다 여자에 비해 아이들과 다소 떨어진 존재이기 때문에 자신의 앞에 나타난 새로운 생명에 모든 것을 빼앗기는 것일까. 남자는 역할에 익숙해진 탓인지 '할아버지' '손자'라는 말에도 거부반응이 적다.

　내가 아는 또 다른 작가도 취미가 '손자돌보기'였지만 지금은 어느 정도 자라서 상대해주지 않는다고 한다.

　확실히 삼대가 동거하던 시대에 대가족이 함께 살기 위해서는 역할분담이 필요했다. 할아버지, 할머니, 아버지, 어머니, 자녀 등 부르는 데도 호칭이 필요했다. 옛날에는 가족이 앉는 자리도 정해져 있었다.

　하지만 핵가족이 되고 떨어져서 살게 되면서 그런 역할분담이나 호칭은 필요 없게 되었다. 50대, 60대의 경우 남녀 모두 일하는 경우가 많고 어쩌다 한번 만나는 상황에서라면 역할이 특별히 필요하지 않다. 마음에 드는 호칭을 각자 생각하면 되는 것이다.

　'할머니'라는 말을 들으면 그 역할에 맞게 행동하지 않으면 안 되고 손자 손녀도 또한 그런 역할에 맞게 행동해야 한다. 그런 부자연스러움에서 벗어나서 역할을 버리는 것은 자유로운 노년을 사는 방법 가운데 하나다. 결코 '할아버지' '할머니'라고 부르게 하지 말자. '손자 손녀'라고 부르지도 말자. 그런 관계를 만드는 것은 어떨까.

　역할에 얽매여 사는 것처럼 재미없는 것은 없다.

　'할아버지' '할머니'의 호칭을 추방하는 참에 부부 사이에서

'엄마' '아빠'라고 부르는 호칭도 그만두자. 그것도 역할분담에 지나지 않을 뿐 아니라 자녀가 성장했을 때 어떤 의미도 없는 말이 되기 때문이다.

단호하게 살아가라

이렇게 해서 할머니, 할아버지가 된다

방송국 프로그램을 볼 때 자주 '저쪽 할아버지' '할머니'라고 부르면서 인터뷰하는 것이 신경에 쓰이곤 했다.

나는 내 자신이 가볍게 불리는 것이 싫다. 누군가 나를 그렇게 부르면 나는 화를 낼 것이다. 하지만 다른 사람에게 '할아버지' '할머니'로 불리는 것이 당치도 않다는 생각으로 보고 있는 나와 달리, 불린 사람은 화를 내기는커녕 미소 띤 얼굴로 대답한다. 그렇게 불리는 것에 이미 익숙해져 있는 것 같다.

잘 생각해보자. 이 부분이 중요하다.

그렇게 기뻐하고 있으면 자신도 모르는 사이 할아버지, 할머니가 된다. 그 역할에 맞추는 동안 젊었던 사람도 젊음을 잃는다. 노인이라는 틀에 맞추어진 노인이 되는 것이다.

편한 대로 '할아버지' '할머니'라고 부르는 일은 삼가자. 그 사람을 노인의 무리 속에 밀어 넣지 않기 위해서라도 말이다.

내가 지금까지 내 이름으로 불리고 있는 것은 어쩌다 듣는 '부인'이라는 호칭에 저항감을 느끼기 때문이다. '부인'이라는 역할에 끼워 맞추어진 기분이 들고 집을 찾아오는 사람들에게도 결혼 전의 성인 '시모쥬'로 부르게 한다. 남편은 원래의 성이 있기 때문에 남편과도 구별된다. 마찬가지로 남편을 의미하는 '주인'이라는 표현도 절대로 쓰지 않는다. '주인'이라고 말하는 순간 그 대상은 주된 사람이 된다. 그렇기 때문에 나는 배우자라는 말을 쓴다. 배우자라는 말은 남편도 아내도 모두 같이 쓸 수 있다.

그렇게 예민하게 생각할 필요가 있겠느냐고 말하는 사람도 있겠지만 말은 일상적으로 아무런 의미 없이 쓰는 것이기 때문에 더 무섭다.

아무렇지 않게 쓰고 있으면 그것을 인정한 것과 다름없고 자신도 모르는 사이 그 패턴에 자신을 맞추게 되기 때문이다. 어느 순간 그것에 맞추어 행동하게 되고 그것을 깨달았을 때는 그곳에서 벗어나기 어렵다.

패턴에 맞추어 살면 주변 사람들에게 불평을 듣지 않으니 편하다. 편한 삶에 익숙해지면 어느 순간 자기 자신을 잃고 만다.

'할아버지' '할머니'의 패턴에 맞추어 살아가는 동안 그것에 걸맞은 할아버지, 할머니 얼굴이 되고 아무런 저항감도 없고 자신의 생각도 표현하지 못하는 사람이 된다.

불량노년은 고독을 두려워하지 않는다

불량이라는 말이 붙기 위해서는 패턴에 맞추지 않고 규격화하려는 것에 반발하는 기개를 가져야 한다.

설사 다른 사람에게 배척받더라도 '단호하게' 자신의 길을 가는 기개가 있어야 한다. 이곳저곳을 기웃거리면서 다른 사람의 비위를 맞추는 것도 좋지 않다.

뇌경색으로 세상을 뜬 오부치 전 수상도 좋은 사람이 되려고 애쓰는 사람이었다. 파티에 초대를 받으면 몸이 허락하는 한 출석했다. 그렇게 해선 몸이 열이라도 당해내지 못한다. 수상이었다는 이력 때문에 모든 곳에서 좋은 얼굴을 보이려고 할 것이 아니라 소신을 갖고 행동하는 자세가 필요하지 않았을까 생각한다. 주변 상황이 뜻대로 되지 않을 때의 마음고생은 작지 않다. 다른 사람들 위에 선 사람은 고독한 것이다. 그 고독을 견디고 거절할 것은 거절하는 결단을 갖지 않으면 안 된다.

노년을 자유롭게 보내고 싶다면 좋은 사람이 되려고 애써선 안 된다. 어떤 역할에 맞추려고 해선 안 된다. 자신의 본연의 모습이 되지 않으면 안 되는 것이다. 할아버지, 할머니 역할뿐 아니라 아버지, 어머니의 역할, 남편과 아내의 역할도 좋지 않다. 자기 자신의 얼굴로 자신의 이름으로 살자. 그렇게 산다는 것은 결코 쉬운 일이 아니다. 쉬운 것은 힘 있는 것에 굴복하고 패턴 속에 사는 것이다. 개인으로 산다는 것은 자신의 눈으로 세상을 보고 자신의 머리로 세상을 생각하면서 스스로 선택하고 스스로 책임지는 것이다.

힘들지만 그런 삶 속에는 큰 즐거움이 있다. 편안할 락(樂)을 즐겁다고 읽는 것은 잘못이다. 진정한 즐거움을 알기 위해서는 힘든 것에 부딪혀 그것을 극복하는 방법 이외에는 없다.

'혼자가 되는 것은 고독이다'라고 나는 말한다. 고독을 두려워해서는 혼자의 삶을 만들어갈 수 없다. 고독을 두려워하면 언제나 다른 사람들과 얽히고설켜서 자신의 머리로 생각하지 못하고, 판단하지 못하고 스스로 책임지지 못한다. 그리고 인생의 마지막 순간까지 스스로 책임을 지지 못하고 인생을 마감한다.

그런 삶은 불량과는 어울리지 않는다.

설사 객사하는 한이 있더라도 자신의 방식대로 사는 것은 어떨까.

다른 사람의 비위를 맞추거나 가족에게 의지하지 말고 자신의 인생은 스스로 정리하자. 마지막 순간까지 자신의 모습으로 살자. 그런 다음에도 가족과 친구가 있다면 감지덕지다.

겉모양만 자유를 표방해선 안 된다. 자유정신을 마음에서 언제까지고 잊지 말자. 자신의 본연의 모습으로 살면서 고독을 안다면 사람이 그립고 다른 사람들과 살아가는 것을 소중하게 여기게 될 것이다.

...5
전철 안에서 자리를 양보하자

앉는 버릇이
들지 않았는가

충격! 자리를 양보받다

3년 쯤 전에 있었던 일이다. 전철에서 30대 정도 되어 보이는 외국인 남성에게 자리를 양보 받았다. 다행이라고 생각하는 것은 양보 받은 자리가 노약자석이 아닌 일반좌석이었다는 사실이다.

나는 그 전까지 한번도 자리를 양보 받은 일이 없었다. 그런 일이 있은 뒤로 한동안 지쳐보였기 때문일까, 나이 들어 보였기 때문일까, 생각하면서 쇼크에서 벗어날 수 없었다.

나는 내 자신이 젊다고 생각하고 있었고, 체구는 작지만 체형도 젊었을 때와 크게 달라진 것은 없기 때문에 아직 젊고 건강하다고 생각하고 있었다.

걸어가면서도 '충격이야!'를 연발하자 친구가 위로해주었다.

"외국인이었지? 자기보다 나이가 많기 때문에 양보해준 거야. 노인이라고 생각한 건 아닐 거야."

친구의 말을 위로삼아 그랬을지도 모른다는 생각을 하면서 마음을 고쳐먹었다.

그리고 얼마 후 나는 뉴욕으로 취재를 하러 갔다. 친구의 집에 머물면서 밤에 오페라를 구경하러 갔을 때였다. 오페라가 끝난 뒤 택시를 타고 귀가하려고 했지만 택시를 잡기가 어려워 어쩔 수 없이 버스를 탔는데, 그때 앞에 앉아 있던 남자가 일어나 자신의 자리를 양보해주는 것이 아닌가. 맞은편에 앉아 있던 젊은 사람도 동행했던 친구에게 자리를 양보해주었다. 피곤했기 때문에 기분 좋게 자리에 앉았다. 친구는 고등학교 동창생으로 미국인 은행원과 결혼했다.

"여기 사람들은 언제나 자리를 양보해?"
"응, 여기 젊은이들은 친절해."

라고 아무렇지도 않은 듯 말했다. 연상의 여자에게 자리를 양보하는 것도, 몸이 불편한 사람에게 자리를 양보하는 것도 상식이라고 했다. 나는 마음이 놓였다. 우리나라에서 자리를 양보 받은 것은 별다른 의미가 없었던 것이다.

요즘 젊은이가 자리를 양보하는 풍경은 찾아보기 어렵다. 그뿐 아니라 노약자 지정석에서 다리를 벌리고 앉아 만화를 보거나 노인이 다가가면 자는 척하는 사람이 대부분이다. 며칠 전에는 염색한 머리에 피부를 검게 태운 여성이 노약자지정석에 앉아 있다가 노인이 다가가자 갑자기 화장품을 꺼내 화장하는 모습을 본 적이 있다.

요사이는 노인이나 장애인에게 마음 쓰는 것을 상식이라고 생각하지 않는다. 미국이나 유럽에서 당연하게 생각하는 일이 왜 우리에게는 당연하게 받아들여지지 않는 것일까. 사회적인 훈련이 이루어지지 않은 젊은이가 너무 많다. 그런 젊은이를 낳은 부모세대에게도 책임이 있을 것이다.

이런 이야기를 하면 나이 든 증거라고 말할 것 같기 때문에 여기에서 자유로운 노년을 보내기 위한 제안을 한 가지 하겠다.

언제나 자리를 양보 받으려고 생각하지 말라. 앉고 싶은 얼굴로 자리를 찾지 말고 이따금 자신이 앉았던 자리를 양보하는 것은 어떨까.

사진에는 나이가 찍힌다

나는 여간하지 않으면 노약자 지정석에는 앉지 않는다. 다른 곳에 자리가 있으면 그곳에 앉는다. 노약자 지정식에만 자리가 있는 경우라면 앉을 때도 있지만 그런 오기도 이따금은 필요하다.

정말 피곤할 때는 이야기가 달라지지만 언제나 자리를 찾아 앉으면 자리에 앉는 버릇이 든다. 가끔은 서서 허리와 다리를 단련하는 것도 좋고 콩나물시루 같은 전철 속에서 흔들려보는 것도 괜찮다.

자신보다 나이가 많다는 것을 한눈에 알아볼 수 있는 사람이나 장애가 있는 사람에게는 자리를 양보하자. 아이를 동반한 아이엄마에게 양보하는 것도 좋다. 다만 나는 아이에게는 양보하지 않는다. 한참 자라고 있는 아이들은 힘이 넘치고 몸도 유연하다.

아이를 동반한 부모도 그런 것은 제대로 인식해서 무조건 아이의 응석을 받아주어선 안 된다.

마찬가지로 나이가 들었다고 해서 다른 사람들에게 보호를 받으려고 하는 것도 금물이다. 앉지 않아도 괜찮다면 자신을 시험해보는 것도 좋고, 자리에 앉았다면 자신보다 몸이 약한 사람에게 자리를 양보하는 것도 좋다. 백발의 남자가 백발의 여자에게 자리를 양보하는 풍경을 본 적이 있다. 정말 보기 좋았다. 서로 양보하다가 결국은 백발의 여자가 앉았다.

나도 오랫동안 자리를 양보할 기회를 노리고 있었다. 어느 날 드디어 내게도 기회가 찾아왔다. 내 앞에 여든 살은 족히 들어 보이는 여성이 서 있었다.

"앉으세요."

라고 말하면서 나는 자리에서 일어났다. 역을 출발해서 얼마 지나지 않아서였다. 그것은 노약자 지정석이 아니라 일반석이었다. 내가 자리에서 일어나자 맞은편 자리에 앉아 있던 남학생이 자리에서 일어났다. 젊은이로서는 그대로 앉아 있을 수 없었을 것이다.

내가 일어선 것을 계기로 젊은이가 행동을 한 것이다. 결과적으로 나는 내가 앉아 있던 자리에 다시 앉아야 했지만 기분은 좋았다. 이것이 바로 자유로운 노년을 살아가는 마음가짐이 아닐까. 앞으로도 또 시도해볼 참이다.

젊다고 생각해도 그 사람의 나이가 가장 잘 나타나는 것이 사진이다. 사진에는 그 사람의 나이가 고스란히 담겨 있다. 일전에 어느 친구가 이런 말을 했다.

"텔레비전에 나올 거라면 계속 나와야 해요. 매일 보고 있으면 변화를 알 수 없지만, 오랜만에 모습을 보이면 '늙었다'는 말을 들어요."

확실히 영상은 속일 수 없다. 작은 변화는 알아채기 어렵지만 시간이 가는 것을 카메라는 확실히 찍을 수 있다. 그런 것에 지지 않도록 불량노년답게 나이를 먹어야겠다.

6

나이와 상관없이 뭔가에 미치자

나이를 먹는다는 것은
개성적이 된다는 것

시행착오를 겪을 시간이 없다

나이를 먹는다는 것은 개성적이 되는 것이다. 왜냐하면 나이를 먹으면 모든 것이 줄어든다. 늘어나는 것은 나이와 주름뿐이고 다른 것은 모두 줄어든다.

우선 주어진 시간, 시간은 일분 일초 줄어든다. 장수시대로 접어들어 평균수명이 늘었다고는 하지만 한 사람 한 사람에게 주어진 시간은 줄어들고 있다.

다음은 체력이다. 체력은 눈에 띄게 쇠약해진다. 사람에 따라서 현상은 다르게 나타나지만 내 경우에는 주량의 변화로 그것을 알 수 있었다. 젊었을 때는 '이무기'라는 별명이 붙을 정도로 마셨지만 나이가 들면서 아예 마시지 못하고 있다.

마지막으로 돈이다. 젊을 때는 일을 해서 얼마든지 돈을 벌 수 있지만 어느 정도 나이가 든 뒤부터는 갖고 있던 것으로 살아갈 수밖에 없다. 그렇기 때문에 돈도 점차 줄어든다.

세 가지 모두 줄어든다면 어떻게 될까. 젊었을 때처럼 시행착오는 더 이상 허용되지 않는다. 다른 사람을 흉내 내면서 이것도 좋고 저것도 좋다는 식으로 해볼 정도의 여유가 없다. 정말로 해야만 하는 것, 정말로 하고 싶은 것만 하지 않으면 평생 하고 싶었던 일을 하지 못하고 끝날 수밖에 없다.

이것저것에 손댈 틈이 없다. 결정한 것이 있다면 그것을 향해 돌진할 수밖에 없다. 자신이 해야 할 일, 하고 싶은 일을 하기 때문에 좋든 싫든 개성적이 된다. 나이를 먹는다는 것은 개성적이 되는 것이다. 나는 그렇게 이해하고 있다. 그리고 죽음을 맞이하는 시간이 가장 개성적이라고 생각하는 것은 어떨까 싶다.

인생의 마지막에 해두어야 할 일

데이빗 리치 감독의 영화 <스트레이트 스토리>는 아이오와 주에 사는 일흔세 살의 알빈 스트레이트라는 노인의 이야기다. 그는 의가 상해 10년 넘게 만나지 않았던 형이 심장발작으로 쓰러졌다는 이야기를 듣고 형을 만나기 위해 길을 떠난다. 위스콘신

주에 있는 형의 집까지 승용차로 하루면 갈 수 있는 거리를 시속 8킬로의 트럭으로 길을 더듬어간다. 운전면허가 없는 것도 이유지만 그는 다른 사람의 도움을 받지 않고 자신이 할 수 있는 방법으로 두 개의 지팡이와 식량을 갖고 노숙을 하면서 6주에 걸쳐 여행을 한다. 그것은 그에게는 노후의 자립이고 죽기 전에 어떻게든 해야 하는 일이었다.

그는 발견했던 것이다. 마지막으로 해두어야 할 일, 그 자신이 살아 있다는 증거를. 다른 사람은 알지 못해도, 바보스럽다고 생각하더라도 그는 발견했던 것이다. 산을 넘고 미시시피강을 건너 어렵게 형이 사는 곳으로 찾아간다. 두 사람은 소년시절의 소년처럼 별을 바라본다. 그것이 알빈 노인의 꿈이다.

베란다에 의자를 내놓고 하늘 가득한 별을 바라보는 노인의 눈빛을 보면서 나는 가슴이 뜨거워지는 것을 느꼈다. 나는 내가 해야 할 일을 찾은 것일까, 하는 생각을 하면서 노인에게 박수를 보냈다.

이 이야기는 신문에 실린 실화를 바탕으로 만들어진 만큼 거짓없는, 심플하면서도 마음이 따뜻해지는 영화였다. 일본에서 이 영화가 상영되었을 때는 평소 영화를 보지 않던 노부부나 가족동반, 노인 등 평소와 다른 관객층이 대부분이었다고 한다. 남겨진 인생을 어떻게 살아가야 할까 고민하는 사람들이 찾았던 것이다.

그 사람의 존엄을 보여줄 수 있는 커다란 마지막 사업이 있을 것이다. 그것이 무엇인지 찾아서 자신이 할 수 있는 방법으로 해보자. 그것은 아주 멋진 일임에 틀림없다.

소년, 소녀시절의 꿈이여, 다시 한번!

그리고 자신이 좋아하는 것을 하나 더 하자.

운동이든 무엇이든 다른 사람이 한다고 해서 흉내를 낼 틈은 더 이상 없다. 나이가 들었다고 해서 다른 사람들과 게이트볼을 한다는 생각이 나는 싫다.

좀더 개성적으로 살아야 할 노후에 왜 다른 사람과 같은 것을 하는 것일까. 그것을 좋아서 한다면 또 모르지만 왜 좋아하지도 않으면서 하는가. 시합을 하게 되면 서로에 대해 안 좋은 생각도 갖게 되기 때문에 나는 개인적으로 게이트볼을 좋아하지 않는다. 어렸을 때 몸이 약해서 체육은 언제나 구경만 했기 때문에 구기는 무엇 하나 잘하는 것이 없다. 행여 틈에 끼어 하기라도 하면 왕따 당하기 십상이기 때문이다.

나는 나이가 들어서까지 왕따 당하고 싶지 않다. 자신에게 주어진 시간은 자신을 위해서 열심히 좋아하는 일을 하고 싶다. 내가 찾은 것은 발레와 성악이다. 무엇이든 좋다. 자신이 옛날부터

하고 싶었던 꿈을 좇아 보자. 이것저것을 하는 것은 몸이 당해낼 수 없지만 하나나 둘쯤 가능한 범위 내에서 선택해보자. 다른 사람이 보면 '나이 값을 해야지'라고 말하는 것이라도 좋다. 자신에게 그것이 가치가 있으면 된다. 꿈에 그리던 나비나 비행기 모형, 뭉툭한 작은 연필을 모으는 것, 모두 좋다.

　소년 소녀시절의 꿈을 다시 한번 좇아보자. 다른 사람들이 비웃거나 방해를 하면 무슨 상관인가. 마지막 순간을 향해 가능한 개성적으로 사는 것은 어떨까.

몇 살을 먹든
열중할 수 있는 것이 있으면 좋다

중년에 미치면 무섭다

중년이 되어 미치면 무섭다고 한다. 젊었을 때 놀지 않던 사람이 중년이 되어 무엇인가에 푹 빠지면 손 쓸 수 없게 된다는 이야기일 것이다.

주위를 둘러보면 그런 예는 얼마든지 있다. 우선 연애를 예로 들면, 연애는 상대방이 있어야 하는 것으로 다른 사람을 끌어들이는 것이기 때문에 더 없이 무섭다. 소설로 쓰인 실화를 예로 들면 가인 가와다 쥰을 꼽을 수 있다. 자세한 내용은 츠지이 다카시의 『무지개의 곶』에 나와 있지만, 젊은 제자와 사랑에 빠진 가와다 쥰은 죽음도 두려워하지 않는다. 그의 이야기는 너무 아름다워서 부럽기까지 하다.

나카자토 츠네코의 『늦은 가을비 일기』도 나이가 들어 만난 사랑이야기다. 젊었을 때는 미처 느끼지 못했던 정열이 담겨 있다.

중년이 되어 미치면 무섭다는 것은 중년부터 노년을 쓸쓸하게 맞아야 하는 사람의 선망 때문일지도 모른다.

노래방에 미친 작가도 있다. 이미 세상을 뜬 사람이지만 그와 함께 노래방에 갔던 사람의 이야기에 따르면 여간해선 놓아주지 않았다고 한다. 애석한 일이지만 노래방에서 혼자 노래하는 것은 재미가 없다. 들어줄 사람이 없다는 것이 문제다. 화려한 무대가 꾸며져 있는 것은 그런 이유 때문일 것이다.

도박도 그런 예 가운데 하나다. 글을 쓰는 사람은 어떤 소음이나 짤랑거리는 소리가 나는 속에서 무아지경에 빠진다고 하지만 나도 그런 기분을 안다. 생활이 지금처럼 자동화되기 전, 하나하나 손으로 해야 하던 시대에는 나도 몇 번인가 집 근처의 오락실에 갔던 적이 있다.

역 근처의 오락실에 들어갔을 때 우연히 작가 요시유키 쥰노스케 씨를 만났다. 요시유키 씨는 성인오락을 좋아하는 사람으로 유명하다. 집이 역 근처였으니 이상한 일은 아니다. 그 후 긴자의 한 바에서 마주칠 때마나 '요즘노 오락실에 가느냐'는 말을 하곤 했다.

어떤 것이든 나이를 몇을 먹든 몰입할 수 있는 무엇인가를 갖고 있는 사람은 멋있다. 무엇인가 빠질 것을 갖고 있는 사람을 보는 것은 즐겁다.

『여자가 남자에게 반하는 순간』이라는 책을 썼을 때였다. 내 경우 그런 순간은 남자 속에서 귀여움을 발견했을 때다. 어떤 때 그것을 발견하는가. 내 경우 남자가 무엇인가에 열중하고 있을 때, 꿈을 좇고 있을 때의 눈에서 발견하곤 한다.

곤충을 쫓고 꿈에 그리던 나비를 찾아 여행을 떠나는 남자. 언젠가 다큐멘터리 프로그램에서 풍뎅이를 쫓는 남자 이야기를 보고 멋지다는 생각을 했었다.

남자들 가운데는 마니아나 수집가가 많은데 반해 여자들 가운데는 적은 것은 여자에게 불량성이 적다는 것을 의미하는 것일까. 여자가 놓인 상황이 얼마 전까지만 해도 꿈을 좇기 어려웠기 때문은 아닐까. 앞으로는 여자에게도 진짜 불량성이 늘어날 것이다.

비행기에 빠지다 - 어느 정신과 전문의 이야기

초등학교 5학년 여름방학 때였다. 방학숙제로 '거미연구'가 부과되었을 때 모두 징그러워했다. 나는 그 이유를 이해할 수 없었다. 나에겐 입으로 실을 토해서 짜내는 거미줄이 아름다웠기 때문이다. 비가 갠 뒤 처마 밑에 빗방울이 매달려 있던 거미줄은 정말 아름다웠다. 추한 모습을 하고 있어도 그처럼 아름다운 것을 짜내는 것은 징그러운 것이 아니다. 남미의 파라과이에는 거미줄 뜨개라는 독특한 뜨개질을 하는 마을이 있다. 한 소녀가 좋아하는 남자를 생각하면서 거미줄에서 힌트를 얻어 뜨개질을 해서 선물했다는 전설이 있다. 붉은 색과 초록색의 아름다운 색의 배합이 무척 매력적이다.

그것을 뜨는 동안 소녀의 눈은 필시 아름다웠을 것이다. 남자가 풍뎅이에 빠졌을 때도 마찬가지일 것이다.

열차나 비행기에 몰입하는 사람도 있다. 열차가 보이는 곳으로 이사를 하는 사람. 비행기 모형을 열심히 모으는 사람 등등.

어느 정신과 전문의는 여든 살이 넘었지만 앞에서도 이야기한 것처럼 지금도 배를 타고 세계일주를 하면서 여행지에서는 반드시 박물관을 찾아가 비행기를 구경한다. 동행했을 때 올려다보니 장신의 모타 선생은 소년의 눈처럼 젖어 있었다.

자택의 거실에 있는 등받이가 높은 의자는 비행기회사에서 사들인 것이었다. 그는 기장의 모자를 쓰고 이렇게 말했다.

"그럼 안전벨트를 매고 이야기합시다."

그는 자택을 짓기 전까지 한동안 맨션 10층에서 살았다. 그의 맨션 창 너머로는 비행장이 멀리 보였다. "그때는 즐거웠다"고 기쁜 듯 말하곤 했다. 열중할 수 있는 뭔가를 갖고 있는 사람은 행복하다.

    그의 아버지의 기념관에 동행했을 때 기념관에서 본 슬라이드 속에서 아름다운 여성을 볼 수 있었다. 그는 그 여성이 바로 아버지가 만년에 사랑했던 여인이라고 했다. 그의 아버지 역시 자유로운 노년을 보낸 것이다.

노래가 좋다

쉰 살이 넘어 배우는 이유

나는 샹송을 배운다. 선생은 피아니스트인데 따뜻하면서도 가르칠 때만큼은 엄격하다.

스튜디오에서 역까지는 5분 거리. 나는 육교를 건너 저녁바람을 맞으면서 막 배운 곡을 흥얼거리면서 걷곤 한다. 역 앞에서 버스를 타면 주택가를 빠져나간 버스는 한적한 시골버스 같아서 아주 좋다. 대체로 버스가 한산하기 때문에 처음 배운 노래의 경우에는 악보를 펼쳐서 음을 확인한다. 두세 번 들으면 대략적인 것은 외우지만 세세한 부분까지 그날 안에 마스터하려고 애쓴다.

'군중'은 에디트 피아프의 드라마틱한 노래다. 축제 군중 속에서 우연히 만나고 다시 멀어져 가는 남녀. 세상을 뜬 기시 요코 씨가 가장 좋아했던 노래다. '파리의 강가', 한가로운 일요일 센 강의 강가에는 가슴 속에 생각을 담은 사람들이 지나쳐간다. 흥얼거리면서 '난 누가 뭐래도 노래가 좋다'고 생각한다.

고등학교 시절 음악을 몰래 배우고 오페라 가수가 되고자 했지만 작은 체구로는 오페라 가수가 어렵다는 생각을 하고 포기했었다. 그 후로 듣기만 했던 좋아하던 노래를 쉰이 넘어 지금이라도 늦지 않다고 생각하고 발성연습을 시작했다.

그전까지도 아나운서시절에는 샹송을 배우고, 노래에 빠져 기타멜로디(노래방기계가 아니다)에 노래를 배운 적도 있다. 다시 배우고 싶다는 생각이 든 것은 쉰 살이 넘어서였다.

처음부터 샹송을 해보겠다고 생각하고 찾아가 배우고 있었는데, 내게도 사람들 앞에서 노래를 부를 기회가 찾아왔다.

교회 지하에 있던 극장에서였다. 아는 친구가 노래모임을 만든다고 나에게도 권해주었기 때문이다. 그래서 동경해오던 오페라 아리아 한 곡과 샹송 한 곡을 지도를 받아 부르게 되었다. 나비부인의 '어느 갠 날에'를 불렀다. 긴장하긴 했지만 행복했다. 다른 사람들 앞에서 오페라 아리아를 부르는 것이 꿈이었기 때문이다. 물론 키는 조금 낮추어야 했지만.

이상하게도 레슨을 받으면 목소리가 나온다. 고음도 옛날에 가깝게 낼 수 있다. 이런 나 자신을 보면서 인간의 가능성은 무한하다는 생각을 하게 된다. 되지 않던 것이 되었을 때의 기쁨은 이루 말할 수 없다. 마흔여덟을 지나 발레를 시작했을 때도 턴이 한번 밖에 되지 않던 것이 두 번 할 수 있게 되었을 때도 마찬가지였다. 나이를 먹더라도 불가능을 가능으로 만들 수 있다. 그렇게 믿어야 한다.

노래는 이젠 고칠 수 없는 병처럼 '춘희'의 '아 그이인가'를 부르고 샹송도 레퍼토리를 늘려갔다.

노래를 부르면 행복하다. 나쁜 일, 힘든 일도 모두 잊을 수 있다. 정말로 노래를 좋아하는 것이다.

요즘은 오페라 가수 겸 예술대학에서 발성연습과 노래를 배우고 있다. 얼마 전에도 모차르트의 '피가로의 결혼' 아리아를 연습했다. 집으로 가는 길은 당연히 콧노래가 끊이지 않는다.

'환갑리사이틀'을 열다

예순이 되었을 때 결심했다. 어떤 것이 좋을까 생각하다가 지금까지 연습한 것을 정리한다는 의미로 발표하는 자리를 갖기로 했다. '환갑리사이틀'이라고 하면 주변에서도 이해해주겠지. 주변에서 축하를 빈는 것은 어색해서 싫시만 자축하는 것은 싫지만은 않다고 생각했다. 지금까지 도와주었던 주위 사람을 60명 정도

초대하자. 그것도 늘 알게 모르게 도와주었던 사람들을 중심으로.

장소는 고탄다의 바이에른홀. 클래식 가수가 리사이틀을 여는 곳이다. 오너에게 맛있는 프랑스요리 풀코스와 함께 하룻밤을 빌렸다.

사회도 옛날 배운 버릇을 썩히지 못해 직접 하고 건배만큼은 아사히신문의 전 논설위원인 같은 나이의 구츠와다 다카후미 씨에게 부탁했다. 식사를 하고 나면 도망치지 못할 거라고 생각해서 먼저 식사를 하고, 리사이틀을 했다. 노래하면서 유리창 건너편에서 회장으로 들어왔다. 몇 번이나 겐베이 선생의 지도를 받았다. 평소에는 말이 없는 겐베이 씨도 리사이틀을 한다고 신경을 곤두세웠다. 덕분에 프로의 엄격한 지도를 받아 인사하는 방법부터 손을 처리하는 방법에 이르기까지 세세하게 배웠다.

샹송 일곱 곡을 모두 부르고 앙코르곡으로는 요청이 있든 없든 상관없이 '어느 갠 날에'로 정해두고 있었는데, 그것도 무사히 마쳤다. 받은 꽃에 파묻혀서 녹초가 되어 피곤했지만 마음은 정말 즐거웠다.

'또 해요.' '다음에는 회비를 내서 해요.' 등등의 말을 해주었지만, 아마추어 솜씨로 회비를 받을 수는 없다. 일흔이 되면 조금 색다르게 또 해볼 참이다.

혼자가 된 후의
자유로운 시간을 어떻게 쓸까

조금 위험한 일을 하자

자녀가 성장하고 나면 부부 두 사람만 남아서 다른 사람의 눈치 보지 않고 좋아하는 일을 할 수 있다. 각자가 자신을 걸고 마지막으로 좋아하는 일을 하자.

건강하고 움직일 수 있는 동안이라면 작은 모험 정도는 가능하지 않을까.

모험을 하지 않으면 끝이다. 조금 위험하다고 생각되는 일도 힘닿는 대로 해보자. 그것이 이루어졌을 때의 기쁨은 이루 말할 수 없다. 어느 정도 나이를 먹으면 신중해지기 때문에 상처를 입는 일이 적다고 한다.

이전에 인터뷰를 했던 어느 선생은 오토바이를 좋아해서 여름이 되면 동호회 사람들과 홋카이도를 함께 달리는 즐거움에 대해 이야기한 적이 있는데 지금도 오토바이를 타고 있을까. 집 앞에는 선생이 아끼는 차가 있었다.

지인인 카메라맨도 예순을 넘기고도 매일 오토바이로 출퇴근을 한다. 몸으로 느끼는 바람이 못 견디게 좋다고 한다.

어느 만화가는 예순다섯에 운전면허를 땄다. 면허를 따기 위해 숙소에 돌아와서 그의 장기인 그림으로 복습. 종이에 핸들을 그려 연습한 덕분에 운전면허를 딸 수 있었다. 그는 매일 운전하고 있다고 한다.

지금은 컴퓨터에 푹 빠져서 책까지 냈다.

등산에 푹 빠진 사람도 있다. 그것도 주변의 산이 아니다. 그가 목표로 하는 것은 히말라야의 초모란마. 학생시절 함께 등산을 다니던 동료들로 모두 예순이 넘은 나이다. 텔레비전에서 그날을 위해 착실히 준비하는 남자들을 보았다. 꿈을 이루겠다는 그들의 눈은 빛나고 있었다. 필시 젊었을 때처럼 무모한 등산은 하지 않고 만반의 준비를 하고 있을 것이다.

어느 선생도 말한 적이 있다. 모두 신중하기 때문에 사고는 일어나지 않는다고.

노년의 장점인 지혜와 경험을 가미하면 또 다른 모험이 가능할 것이다. 등산 같은 극한의 상황에서도 틀림없이 그 지혜와 경험이 그대로 살아날 것이다.

여자는 남편이 죽으면 활기를 찾는다

가루이자와의 산장을 구입하기 전에 내가 여름에 머물던 곳이 "B&B아사마"라는 팬션이다. 주인은 와세다대학 출신으로 일본산악회 부회장이고, 부인도 같은 대학을 나온 산사람이다.

남편이 암으로 세상을 뜬 뒤 부인은 남편의 뼈를 묻기 위해 히말라야를 찾았고 혼자 몸으로 가볍게 다시 산을 찾게 되었다. 히말라야 트레킹은 물론이고 티베트, 네덜란드 등을 탐험했다. 한번은 등산 중에 다리가 부러져 헬리콥터로 운반된 적도 있지만 낫기 바쁘게 다시 등산을 했다고 한다.

나보다 두 살 위인 그는 갈 수 있을 때 갈 수 있는 곳에 가보고 싶다고 말한다. 함께 산을 오르는 사람은 남자뿐이지만 산친구이기 때문에 스스럼이 없다.

여름철에는 자택에서 얼마 떨어지지 않은 곳에 지은 팬션에서 숙박객을 받고 있는데, 그 일을 돕는 것은 가족 이외에도 옛날에 함께 산을 오르던 산친구로 여자이다. 나의 산장도 그녀의 소개로 찾았고, 지금도 믿음직스러운 선배다.

부부가 둘이 함께 하는 경우 상대방을 신경 써야 할 부분이 있지만 혼자뿐이라면 마음껏 나래를 펴보자.

언제까지고 슬퍼하고만 있어서는 죽은 사람도 마음이 편치 않을 것이다. 친구나 지인을 보아도 1년 동안은 힘들어 보이지만 그 시기를 잘 넘기면 갑자기 활기를 찾는다. 특히 여자는 스스로 챙길 수 있기 때문에 괜찮다. 남자도 마지막 순간을 맞는 그날까지 혼자 먹고 살아가는 일 정도를 하지 못하면 자유로운 삶을 구가할 수 있는 때가 찾아와도 허사가 되고 만다.

불량노년의 조건은 자립하는 것이다. 정신적으로나 경제적으로, 또한 실생활에서도 자립하는 것이다. 특히 실생활과 관련해서는 젊었을 때부터 집안일을 해서 남자도 노후의 자유를 획득해야 한다. 여자는 남편이 죽으면 활기를 찾는다. 남자는 아내가 죽으면 풀이 죽는다.

배우자의 죽음 뒤, 평균해서 보면 남자는 2년, 여자는 20년을 산다고 한다. 남자는 분하지 않은가. 이 노후의 빛나는 날을 자신의 것으로 만들지 않고 무엇을 하겠는가.

그렇게 생각하면 혼자 살아가는 자립은 정말 중요하다.

부인을 일찍 잃고 산속의 산장에 1년 내내 틀어박혀서 좋아하는 레코드를 듣고 공작과 이런 저런 새를 키우면서 자기 나름의 이상향을 만들어가는 사람도 있다.

젊었을 때부터 모은 점토인형 수천 점을 고향인 야마가타 현의

츠루오카 기념관에 기증했다고 한다. 그가 남긴 레코드의 수도 상상을 초월한다. 그는 공작 등 새와 수집품을 기부할 곳을 미리 정해놓고 있었다. 도와주는 사람이 있었는지도 모르지만 산속에서 혼자 보내는 겨울은 힘들었을 것이다. 하지만 좋아하는 것에 둘러싸여 있었기에 그는 편하게 잠들 수 있었을 것이다.

혼자 있는 것을 두려워해선 안 된다. 혼자라는 것은 자유의 대명사다. 고독과 자유는 등을 맞대고 있다. 고독을 두려워하고 다른 사람에 의지해서 안전한 상태로 살려고만 해서는 자유는 얻을 수 없다.

...7

일주일에 한 번은 외식을 하자

일주일에 한 번은 둘이 외식을 하자

중요한 것은 긴장감!

"결국은 집에서 먹는 것이 제일 좋다."
요즘 우리 집에서도 이런 이야기가 자주 나온다. 나이가 들수록 외식이 귀찮아졌다는 것과 먹는 것이 우리 식으로 기운 탓이다. 예전에는 거의 밤에는 외식을 해서 각자가 동료나 친구들과 먹는 일이 많았다. 전에는 일주일에 한번 집에서 함께 식사하는 것이 전부였지만 지금은 오히려 외식이 일주일에 한두 번으로 줄었다. 동년배 친구들에게 물어보니 마찬가지라고 한다. 일을 계속하는 친구의 경우 저녁은 일을 겸해서 밖에서 먹는 일이 많았지만 언제부터인가 남편과 얼굴을 맞대고 식사하고 있다는 것이다. 그렇게 하는 것이 덜 피곤하다고 한다.

확실히 며칠 외식을 하고나면 집에서 먹고 싶어진다. 밖에서 먹는 것이 피곤하기 때문이다.

"하지만 그래선 안 돼."

라고 그 친구가 말했다. 집에서 두 사람이 식사를 하면 점차 다른 사람들과 어울리지 않게 된다. 편한 쪽만 찾아서 그것만 하게 되는 것이다. 그렇기 때문에 일주일에 한번은 외식을 하려고 한다고.

우리 부부도 일주일에 한번 각자의 스케줄에 따라서 외식을 하고, 부부가 함께 한차례 외식을 하기로 했다.

외식을 하면 집에서 먹는 것과 달리 돈도 들지만 더 중요한 것이 있다. 긴장감이다. 다른 사람의 눈을 의식하면서 레스토랑에서 식사를 하는 것은 중요하다. 옷차림에 신경 쓰고, 자세에 신경 쓰고, 대화에 신경 쓰기 때문이다. 사적인 공간이 아닌 공적인 공간에 있으면 적절한 긴장감을 유지하게 된다.

가능하다면 이성과 외출을 하자. 남편이든 형제든, 친구든 불륜 상대든 누구든 좋다. 이성과 함께 하게 되면 여자끼리 있는 것과 다른 대화가 이루어지고, 보다 점잖게 행동한다. 그것이 중요하다.

요즘은 여자끼리 맛있는 것을 먹으러 다니는 사람이 많지만 객관적으로 보면 좋게 보이지 않는다. 여자끼리 있다는 안도감 때문인지 자신이 있는 공간이 어디인지 망각하고 큰소리로 웃고 이야기하기 때문에 다른 사람을 보지 못한다. 자신들 이외에는 보지 못하고 전체를 보지 못하는 여자가 많다. 같은 여자로서 실망스럽다. 그것도 두세 사람도 아니고 여자의 경우에는 대여섯 명이 몰려다니는 경우가 많다. 안도감에 모든 것을 맡기는 여자는 불량노인이 될 수 없다. 불량이란 적당한 긴장감을 유지할 때 나오는 것이기 때문이다.

삶에 활기를 불어넣는 비결

친구나 남편과 외식할 때 '무엇이 좋으냐'고 묻는다. 일식과 양식, 중화요리 중에서 대략 나누어보면 누가 뭐라고 해도 일식이 많다. 그것도 카운터에서 맛있는 것을 가볍게 먹을 수 있는 것이 많다. 언제부터 그렇게 되었는지 모르지만 예전에는 양식이 제일 많았고 그 다음이 중화요리, 그리고 일식이 그 다음이었다. 양식과 중화요리가 점차 줄어드는 이유는 담백한 것을 선호하는 입맛의 변화 탓도 있지만 양식의 경우 나이프와 포크를 사용하는 것이 귀찮기 때문일지도 모른다.

만약 그런 이유 때문이라면 의식적으로 양식을 먹자. 프랑스요리나 이탈리아요리를 먹자. 와인을 즐기면서 대화를 나누다보면 옷차림도 평상복차림에서 서서히 외출복차림으로 바뀐다. 상대방이 타인이든 남편이든 옷차림에도 신경을 쓰기 때문이다. 멋진 성인남녀가 그들에게 어울리는 레스토랑에서 식사를 즐기는 모습은 곁에서 보기에도 좋다. 모처럼 갖는 외식이라면 분위기에 맞추어 서로의 옷차림에도 신경을 써보자.

남편과 함께 가더라도 집에서 얼굴을 마주하고 있을 때와 다를 것이다. 집에서 편안한 모습을 하고 화장도 하지 않는다면 서로가 가장 좋지 않은 모습을 보여주는 셈이다. 남편이나 아내 모두 외식을 위해 옷을 갖추어 입은 상대방을 보고 새삼스럽게 발견하는 부분도 있을 것이다.

부부 두 사람만 가는 것이 귀찮다면 친구 부부와 함께 가는 것도 좋다. 부부든 어떤 관계든 남자와 여자가 한 사람씩 늘어나면 대화의 폭이 넓어지고 서로의 기분을 살피면서 좋은 분위기를 만들어갈 수 있다.

남자만 있는 것도 어색하고 여자만 있는 것도 어수선하다.

앞에서 썼지만 양로원의 성문제를 조사한 젊은 논픽션작가에 따르면 이성과 만날 수 있기 때문에 양로원에 들어가고 싶어 하는 사람도 늘었다고 한다. 그곳에서는 식사를 하거나 모임을 가질 때 자연스럽게 커플이 생기거나 질투하는 경우도 있다고 한다. 이 세상에 남자와 여자가 있는 한 아무리 나이가 들더라도 이성을 의식하는 것 같다.

그러니 그것을 이용하자. 두 사람 혹은 다수의 남녀가 모인 외식은 즐겁다. 젊음을 유지하기 위해서는 자극이 필요하다. 밖에 나가서 식사를 하자. 외식을 하는 것으로도 조금은 화사해진다.

우리 부부는 두 사람 모두 아직 일을 하고 있기 때문에 식사대접을 하거나 초대받는 일이 많다. 상대방의 생일에는 무엇인가 선물을 하고 좋아하는 것을 먹으러 간다. 외식은 생활의 활력을 불어넣을 때도 도움이 된다. 집안일에 지쳤을 때, 귀찮을 때도 기분전환이 된다.

혼자서 외식하러 간다

누군가와 함께 있고 싶다

거리로 나가 장밋빛 천으로도 가릴 수 없는 노년의
외로움이 몸 깊숙이 스며드는 날에는
누구를 기다릴 일도 기다려 주는 이도 없이 비에
젖은 네온 불빛 속의 거리를 걷는다

내 어머니는 여든한 살에 돌아가시기 전까지 혼자 살았다. 아버지가 돌아가시고 10년 쯤 되는 세월을 지금이 가장 마음 편하다고 하면서 어쩌다 딸집을 찾아와서도 바로 돌아가곤 했다. 하지만 나중에 어머니가 지어놓은 노래를 보고 어머니가 외로웠다는 사실을 알았다.

어머니는 외로울 때 혼자 지유가오카를 찾았다. 세타야쿠 도도로키에 살았기 때문에 지유가오카까지는 차로 10분 정도이고, 전철을 타더라도 그 정도다. 지유가오카에는 자주 찾는 가게가 몇 있었다. 커피를 좋아했기 때문에 단골 과자점에 들러 커피를 마시곤 했다. 가게의 젊은 여자와도 얼굴을 익히고 있어서 혼자 커피를 마시면서 창밖으로 지나가는 사람들을 바라보는 것이 즐겁다고 말한 적이 있다.

사람들이 찾아오는 것을 좋아해서 누군가 찾아오면 바로 지유가오카의 음식점으로 안내하거나 함께 외출하는 것을 아주 좋아했다. 돈도 그렇게 많지 않았을 텐데 외식을 좋아했다. 외출은 혼자 살았기 때문에 하는 기분전환이었고, 그럴 때마다 취미로 갖고 있던 기모노를 차례로 꺼내 입었다.

"살아 있을 때 입어야지. 죽으면 못 입으니까."

라고 말하면서 언제부턴가는 새 것도 부지런히 입기 시작했다. 어머니는 나름대로 삶의 마지막을 스스로 꾸미려고 했던 것이다.

나와 달리 혼자 식사를 하거나 차를 마시는 것도 아무렇지도 않은 듯했다. 나는 평소 혼자 있는 것이 좋지만 식사할 때만큼은 누군가 함께 있는 것이 좋다. 고양이라도 이야기할 상대가 필요하다.

나는 외출해서 혼자 음식점에 들어가는 일이 별로 없지만 인테리어 디자인을 하는 한 친구는 혼자서 먹는 것을 아무렇지도 않게 생각한다. 제대로 차려입고 나가 레스토랑의 한쪽 구석에서 식사를 한다. 우연히 그 가게 앞을 지나면서 보게 되었는데 나이든 미인이 혼자 외식하는 모습은 아주 보기 좋았다.

남편도 혼자서 식사하는 것을 아무렇지도 않게 생각한다. 오히려 그것을 즐긴다고 한다. 혼자 태연한 얼굴로 들어가 식사를 하고 집에서도 혼자 술을 마시면서 식사를 하는 것은 나름대로 마음의 여유를 즐기는 일이라고. 먹는 것을 즐기는 탓인지 맛있는 집도 잘 찾는데 찾아가서 먹어보면 정말 맛있다.

그런 점에서 보면 나는 보수적이어서 가본 적이 없는 가게에는 잘 들어가지 않는다. 이런 내가 혼자 살게 된다면 혼자 외식도 못 하는 것은 아닐까, 하는 생각이 든다. 지금부터 어떻게 해서든 버릇을 고쳐서 함께 먹어줄 사람을 찾아야겠다.

하루 세 끼를 외식으로 해결하는 강자

외식도 버릇이다. 외국인 중에는 세 끼를 모두 밖에서 사먹더라도 개의치 않는 사람이 많다.

우리의 경우 갓 지은 따뜻한 밥에 야채절임, 된장국 등을 생각하면 집에서 먹는 밥이 그리워지지만 나이가 들어서도 하루 세

끼를 거의 대부분 외식으로 해결하는 강자도 있다.

앞에도 쓴 아흔두 살에 결혼한 무츠 요노스케 씨가 그렇다. 무츠 무네미츠의 손자로 외교관 아버지와 영국인 어머니 사이에서 태어나 식사는 일식과 양식, 중화요리 무엇이든 먹지만 거의 매끼라고 해도 좋을 정도로 외식을 한다.

록퐁기의 도리이사카에 있는 맨션에 사는 그는 아침은 근처에 있는 국제문화회관의 아름다운 정원을 볼 수 있는 레스토랑에서 양식을 먹고, 점심은 현재 다큐멘터리영화회사의 사장이기 때문에 회사 근처에서 먹는다. 저녁은 호텔오쿠라의 레스토랑이나 아메리칸 클럽, 외국인기자클럽 등에서 지인과 한다. 이따금 다른 곳으로 가기도 하지만 국제문화회관, 호텔오쿠라, 아메리칸 클럽이 그의 주 무대다.

나이가 들어 지팡이를 짚고 걷게 되었지만 아침 점심 저녁은 모두 외식이다. 전부인이 10년 전에 암으로 세상을 뜬 뒤 혼자 살기 때문이라고 생각했지만 부인이 살아 있을 때도 마찬가지였다고 한다. 부엌은 거의 쓰지 않아 늘 깔끔하다.

내가 보기에 귀찮을 것 같지만 그것을 당연하게 생각한다면 귀찮게 여지지 않을지도 모른다.

외출할 때마다 옷을 갈아입고 나가기 때문에 기분도 개운하다. 감기기운이 있더라도 밖으로 나가 긴장된 상태를 유지하기 때문에 아픈 것이 그 이상 심해지지 않는다. 나도 몇 차례 함께 식사를 한 적이 있는데, 어쩌면 외식은 무츠 씨의 건강과 매력을 유지하는 비결일지도 모르겠다.

결혼한 뒤로는 아침은 부인과 집에서 하고 있다고 하는데 점심과 저녁은 변함없이 대부분 밖에서 먹는다고 한다. 며칠 전에도 국제문화회관에 식사하러 갔다가 무츠 씨 내외와 딱 마주쳤다.

...8

방의 사면에 거울을 붙여라

깔끔한 차림으로 지내자

거울은 정직하다

외국의 공항 등에서 일본인을 만날 때 차림이 형편없다는 생각을 하곤 한다. 그런 생각을 하면서 거울에 비친 자신의 모습을 보고 맥이 빠졌던 적은 없는가. 다른 사람의 행동을 보고 자신의 행동을 고친다는 말도 있지만 자신의 모습은 잘 깨닫지 못하는 경우가 많다.

언제였는지 잘 기억나지 않지만 강연회에 함께 참가했던 어느 평론가가 이런 말을 한 적이 있다.

집의 거실에 거울을 붙여두면 자신의 모습을 눈여겨 볼 수 있게 된다고 한다. 부엌에서 요리를 갖고 나오는 아줌마가 누구인가 생각하며 보았는데 다름 아닌 자신이었다고.

거울이 있으면 자신도 모르게 자세를 의식한다. 자신도 깨닫지 못하는 사이 등이 굽고 힘없이 걷는 일이 누구에게나 있다. 특히 집에서는 편한 자세로 있기 때문에 깔끔하지 않은 차림을 하기 쉽다. 깨닫지 못하고 하는 일이 얼마나 무서운 일인지 알 수 있다. 거울은 그것을 가르쳐준다.

"거울아, 거울아, 이 세상에서 누가 가장 아름답지?"

백설공주의 계모가 자신이라는 대답을 기대하면서 거울에게 말을 거는 장면이 있다. 누구나 그것과 비슷한 어리석음이나 순간적인 착각을 하기 마련이다.

그러나 어느 정도 나이가 들면 거울은 정직하게 가르쳐준다. 그것을 듣고 자신을 바로잡아야 한다. 그렇게만 해도 훨씬 달라진다. 등을 펴고 다리를 쭉 펴고 똑바로 걸어보자. 기분이 상쾌해지고 자신감도 얻을 수 있을 것이다.

객관적으로 자신의 모습이 어떤지 스스로에게 가르쳐줄 필요가 있다. 거울은 그 방법 가운데 하나다. 우리 집 거실도 한쪽 벽은 거울이 붙여져 있다. 부엌으로 들어가는 입구 근처에 식탁이 있다. 싫든 좋든 내 모습이 비치고 식사하는 모습도 똑똑히 볼 수 있다.

이래선 안 된다는 생각으로 앉은 자세를 고치고 먹는 모습을 체크한다. 뭔가를 먹을 때 그 사람의 모습을 가장 잘 볼 수 있다고 한다. 등을 굽힌 채 먹고 있지 않은지, 다리는 제 위치에 있는지, 거울은 분명하게 가르쳐준다.

거울에 비친 주인공은 나 자신

거실이나 쉬는 곳에 거울을 붙이자. 그리고 가능한 거울을 보고 거울 속의 자신을 바라보자.

거울을 붙이면 방은 훨씬 넓게 보이고 방이 지저분하면 그 배로 지저분해 보인다. 그래서 허겁지겁 방을 치워야겠다는 생각을 하게 된다. 방을 깨끗하게 해두면 그 배는 깨끗하게 보인다. 나는 식사를 할 때 거실의 거울을 보면 거울 한 귀퉁이에 도쿄타워가 보이기 때문에 그것을 보면서 식사한다. 밤에는 타워의 불빛과 거리의 불빛이 있어서 혼자 있어도 즐겁다.

거울에 비친 주인공은 나다. 조금은 그 배경에 걸맞은 모습으로 비쳐졌으면 하는 마음이 간절하다. 나는 바지 차림이나 롱스커트 차림을 많이 한다. 예전에는 일을 하다 피곤하면 조금이라도 빨리 편해지고 싶어서 잠옷에 가운을 걸치곤 했기 때문에 거울에 비친 내 모습에서 깔끔한 인상은 찾아보기 어려웠다. 그런 부분에 대해서는 남편도 말이 많기 때문에 두 사람 모두 아플 때를 제외하고는 저녁에 가운차림을 하는 일은 없다. 이따금 레스토랑에 있는 듯한 기분을 연출하기 위해 촛불을 켜고 멋을 부린다. 그러면 거울에 비친 두 사람은 아주 오래 전 데이트하던 때의 두 사람으로 되돌아간다.

거울의 효용은 한없이 크다. 너무 노골적인 것은 괴롭기 때문에 우리 집 거실의 거울은 조금 색을 입힌 것을 쓰고 있다.

현관에는 전신을 비춰볼 수 있는 거울을 두자. 거울을 보면서 외출하기 전에 이상한 곳은 없는지, 잊은 것은 없는지를 체크할 수 있다. 세면대에도 큰 거울을 붙여두자. 그러면 몸의 나른함이나 피부의 윤기 등을 체크할 수 있다. 아무것도 걸치지 않은 몸을 비춰보면 미처 생각하지 못했던 것을 발견하기도 한다. 그것은 건강 체크에도 도움이 된다.

세면대에는 확대경을 두면 편리하다. 세세한 부분까지 알 수 있기 때문에 화장할 때 도움이 된다. 나는 근시안이지만 평소에는 안경을 쓰지 않기 때문에 세세한 부분까지 신경 쓰지 못하고 대충 대충하기 때문에 나에게는 필수품이다.

나는 차 안에서도 백밀러에 비친 얼굴을 보거나 화장실에 갔을 때도 전신을 체크한다. 젊었을 때는 별로 신경 쓰지 않았지만 덜렁거리는 성격 탓에 실수할 때가 있기 때문이다. 언젠가는 시간이 없어서 그냥 나왔더니 머리를 빗을 때 어깨에 걸치는 수건을 스웨터 위에 걸친 채였다. 코트를 입고 있었기 때문에 깨닫지 못했던 것이다. 친구 가운데는 왠지 모르게 시원해서 자세히 보니 스커트 입는 것을 깜빡 잊고 코트만 걸쳤더라는 사람도 있다.

거울은 분신이다. 또 다른 자신의 모습을 가르쳐준다. 그렇다고 해서 전철 안에서 화장하는 젊은 여성은 좋게 보이지 않는다.

'거울아, 거울아.' 하고 거울 속의 자신에게 묻는 버릇을 들이자.

거울 앞에서는 거드름을 부리며

거실 벽에 거울을 붙인 진짜 이유

거울을 마주하면 좀더 점잔을 빼고 뭔가 하고 싶어진다.

내가 거실에 거울을 붙인 이유는 발레 레슨을 위해서였다. 마흔여덟 살부터 발레를 시작한 뒤 집에서도 연습을 하기 위해 거실바닥을 마루로 깔고 한쪽 벽면에 거울을 붙였다. 처음에는 그곳에 바를 설치하고 바를 이용한 연습을 할 생각이었지만 벽에 바를 설치하면 거울에 비친 풍경이 나뉘기 때문에 그만두고 접어서 운반할 수 있는 바를 구입했다. 레슨할 때만 꺼내서 펼치고 바 위에 다리를 올려서 유연체조를 한다.

처음 한 동안은 열심히 했지만 혼자 하는 것은 재미가 없어서 꺼내놓는 날이 적어졌는데, 이따금 잡지촬영 등을 온다고 하면 허겁지겁 꺼내는 형편이다. 언제나 레슨하는 체 하는 것이다.

일주일에 한번 발레교실의 초급자반에 다녔기 때문에 몸이 유연하고 다리도 올라간다. 레오타드(몸에 딱 달라붙는 발레 연습복 -옮긴이)에 짧은 스커트를 붙이고 레그워머로 발목을 두르고 발레 슈즈를 신는다. 거울에 비친 모습은 젊은 때와 체형이 똑같고 말랐기 때문에 못 봐줄 정도는 아니다. 발레리나가 된 기분으로 양손으로 포즈를 취하고 있으면 기분은 소녀가 된다.

소녀시절 거울 앞에서 자주 흉내 내곤 했다. 오페라로 카르멘을 본 날은 장미꽃을 입에 물고 카르멘이 되었고, 춘희를 본 날은 침대시트를 두르고 빈사 상태에 빠진 춘희가 되어 아리아를 흥얼거렸다. 발레영화 '빨간 구두'에서 '모이라 셔러'를 본 날은 거울 앞에서 빙글빙글 돌았었다.

거울 속은 동경의 세계를 키워주는 이상한 세계다. 문을 밀어 거울 속으로 들어가면 '이상한 나라의 엘리스'가 된다. 누구나 엘리스가 될 수 있다.

남자도 거울 앞에서 조금 새로운 기분을 가져보는 것은 어떨까. 영화를 본 다음 그 영화의 주인공이 되고 싶은 마음은 누구에게나 있다. 갱영화를 본 다음에는 영화관을 나올 때 어깨에 힘을 주고 걷는 남자들이 있는데 그 기분을 알 것도 같다. 주인공에 자신을 투영시켜서 그 영화의 주인공이 되는 것이다. 생각만 해도 재미있을 것 같지 않은가.

집에 돌아온 뒤에는 자신이 갖고 있는 옷으로 잠깐이라도 흉내 내보는 것은 어떨까. 낡은 야구 모자를 쓰고 나비넥타이에 멜빵바지를 입는 것으로 충분히 영화 속의 멋쟁이로 변신한다. 멋스런 포즈로 윙크를 해보면 기분은 완전히 젊은 시절로 돌아가서 거리로 나가 젊은 아가씨와 차라도 마시고 싶어질지 모른다.

마음이 들뜨는 순간을 만들자. 그런 순간을 만들기 위한 연출을 스스로 해야 한다.

거드름은 젊음의 상징이다

나이가 들면 적당히 거드름을 부려야 한다. 그것도 젊음의 상징이다. 거드름은 왠지 모르게 마음에 걸리는 부분, 바꾸어 말하면 신경이 쓰이는 것, 혹은 마음에 남는 부분이다. 또 다른 말로 바꾸면 귀여움이라고도 말할 수 있다.

'기자(일본어로 거드름을 뜻하는 말-옮긴이)'라는 이름을 쓰는 극단이 있다. 그 극단을 만든 이가 바로 고 엔도 슈사쿠 씨다. '樹座'라는 한자를 쓰긴 했지만 마음은 발음 그대로 '기자'다. 언제까지고 '기자'를 잃지 않기 위해서 아마추어가 오페라나 발레 연극에 도전한다.

'기자'는 젊음의 상징이다. 젊은 시절의 '기자'는 참지 못하지만 나이가 든 뒤의 '기자'는 마음을 가볍게 흔들어주는 귀여움이 있다.

예를 들면 다른 사람이 모르는 부분에 빠지는 것이다.

내 대학시절의 선생님은 내 대학시절부터 멋쟁이였고 선생님의 모습을 보는 것이 나에게는 즐거움이었다. 양복차림을 하는 경우 상의 아래 받쳐 입는 조끼 색깔이 잘 어울릴 뿐 아니라 조끼가 살짝 드러나게 하는 센스까지 있어서 여학생들이 무척 따랐다. 아흔세 살이 되는 지금도 일선에서 일하고 있고 변함없이 멋쟁이다. 수수한 안감이 생각지도 못한 푸른 파도를 연상시키는 무늬였던 때도 있었다. 그 숨겨진 '기자'에 마음에 끌리곤 했다. 술을 마시면서 시를 짓는 자리에서도 내가 지은 사랑의 노래를 듣고는,

"자네 것은 머리로 짓기 때문에 재미가 없어."

라고 변함없이 날카로운 평을 해주었다.

내 옛 연인은 대체로 거드름을 피우는 쪽이었는데 특히 회중시계를 좋아해서 시계를 볼 때 주머니에서 길고 가는 시계 줄을 꺼내서 보곤 했다. 그 시계 줄을 움직이는 가는 손가락과 동작을 나는 가장 좋아했다.

앞에서도 썼지만 우연히 옛 연인과 한 호텔의 엘리베이터에서 마주쳤다. 변함없이 시계 줄을 꺼내서 시계를 바라보는 동작에 가

숨이 설렜다. 이미 30년이 지나 그때와 달리 손가락은 굵게 변해 있었지만 여전히 귀여웠다.

...9
전통가옥에서는 살고 싶어 하지 않는다

'민속공예품에 둘러싸여 살면 때가 낀 듯 보여'

심플한 전통가옥은 아름답다

 주변에서 전통적인 삶이 사라지기 시작한 것은 어제 오늘 일이 아니다. 방과 방 사이에 난 복도나 장지문이 있는 집은 이제 찾아보기 어렵다. 맹장지, 난간, 높이를 달리해서 맨 선반, 도코노마(객실의 상석 쪽 공간을 바닥보다 한단 높여 족자를 걸거나 화병 등으로 장식했던 공간-옮긴이) 등은 지금 우리 집을 둘러보아도 어디에서도 찾아볼 수 없다. 어린시절 구멍을 뚫어서 혼나곤 하던 장지도 없고, 햇볕을 받으면서 뜰의 도마뱀을 눈으로 쫓던 복도도 없다.

 전통가옥이 적어져서 그에 따라 전통적인 생활방식을 잊고 있는 듯하다. 이따금 전통식으로 꾸며진 방이 있다고 해도 서양식

주거 공간 속에 방 한 칸이 고작인 경우가 대부분이다.

동양의 나무와 종이 등 자연소재를 이용해서 지어진 집에는 실로 심플한 아름다움이 있었다. 다다미 냄새, 나무 천장, 절도를 느끼게 하는 장지문의 선 등 모든 것에는 청결함이 있었다. 그런 가운데 살면서 단정한 몸가짐을 했다. 과거의 여성은 구석구석에 쌓인 먼지를 털고 바닥을 닦고 윤이 나도록 닦았다. 벽장이나 마루 아래쪽 등 수납공간도 많아서 불필요한 물건이 밖에 나와 있는 일이 적었고 대부분 정리되어 있었다. 일본의 전통가옥은 아름다웠다. 부엌에서 일하는 어머니의 옷차림도 청결함을 느끼게 하고도 남았다.

그러나 우리 주변으로부터 심플한 전통주거양식이 사라지고 전통양식과 서양양식이 복합된 주거형태, 혹은 서양풍의 주거양식이 늘어나면서 심플함은 사라지고 전통적인 생활방식을 잃어버렸다.

나이를 먹은 뒤 전통가옥, 전통양식으로 꾸며진 방에 살면 심플함은 어디론가 사라지고 불필요한 물건이 쌓이기 시작한다. 거기에 고타츠가 방 한 가운데 놓이기라도 하면 아무리 보아도 늙어빠진 추한 모습이 되고 만다.

심플하고 간결한 전통가옥에 살지 못한다면 서양식을 고수하는 편이 낫다. 젊었을 때는 전통적인 것을 인테리어에 활동하는 것이 재미있지만, 나이가 들었을 때는 생각해볼 필요가 가 있다.

특히 동양적인 것 중에서도 민속공예품은 주의해야 한다. 전통가옥에 민속공예품 가구를 두면 칙칙해 보인다. 인테리어로 활용할 경우 서양식으로 꾸며진 새하얀 심플한 벽에 맞추면 새로운 아름다움이 연출된다.

나는 한때 전통적인 가구에 푹 빠져서 구입했는데, 지금 모두 아파트에서 쓰고 있다. 하지만 그것도 가짓수가 많으면 칙칙해진다. 한눈에 들어오는 큰 가구는 하나, 혹은 두 개 정도를 독립된 느낌으로 배치하는 것이 좋다.

현관을 들어와서 마주하게 되는 벽에는 인테리어로 옛날 창고에 달던 문짝 두 개를 달았다. 느티나무로 만든 문짝 하나와 그 안쪽에서 쓰는 살을 댄 문으로 모두 아무런 장식도 없는 심플한 벽에 달았기 때문에 돋보인다. 최근에는 옛날 쓰던 물레를 침실 창 아래 두었는데 편안한 분위기가 연출되었다.

민속공예품을 제대로 활용하기는 어렵다. 절대로 동양적인 것과 맞추어선 안 된다. 동양식으로 꾸며진 방에 카펫을 깔고 응접세트를 놓아 서양식으로 활용하는 등 언밸런스의 재미를 찾아보자.

가능하다면 동양적인 것이라고 해도 너저분한 물건들 속에 매몰되지 않도록 하는 것이 좋다. 그곳에 앉아 있는 사람이 아무리 보아도 할아버지 할머니처럼 생각된다면 정말 슬픈 일이다. 그렇게 하면 자신의 나이보다 훨씬 늙어 보이는 것도 당연하다.

비결은 불필요한 것은 두지 않는 것

외곽에 있는 내 별장은 동양의 미를 제대로 살려서 지은 것이다. 벽은 외국에서 수입한 합판과 나무 기둥으로 이루어져 있고 창문은 장지문이다. 대범하면서도 치밀하게 계산된 것을 구석구석에서 엿볼 수 있다. 정면에 위치한 난로 앞에는 군데군데 돌을 박는 기법이 쓰였다. 슈가쿠인리큐(교토에 있는 황실의 별장 중에 하나-옮긴이) 등에서 옛날에 쓰인 기법이 그대로 활용된 것이다.

여기에서는 심플한 가구를 주로 해서 불필요한 것은 두지 않는다. 과거 전통건축물에서 볼 수 있던 간결함을 유지하고 싶기 때문이다.

나도 젊었을 때는 민속공예품의 아름다움에 이끌려서 많은 것을 모았다. 쪽빛 물을 들인 천은 백 장 정도 된다. 벽면 전체를 가릴 수 있는 것을 비롯해서 큰 보자기, 목욕수건, 기저귀 등에 이르기까지 종류도 다양하다. 벽걸이로 쓰는 것도 하나하나가 아름답다. 역사가 깊은 것은 역사가 깊은 대로 아름다움이 있다.

얼마 전 '삶의 수첩사' 별관에서 전시회를 가졌다. 오랜 서양식

건물에 아주 잘 어울렸다. 넓은 정원의 나무들 사이에 커다란 노렌(상호를 새겨 넣은 천 가리개로 상점의 입구에 걸어놓는 막-옮긴이)을 걸어놓으니 삶 속에 자연스럽게 젖어드는 듯 했다.

나는 쪽빛 물을 들인 천을 집에서 벽걸이로 쓰기도 하는데, 그것도 한 장 정도가 좋다. 개성이 강하기 때문에 두 장 이상이 되면 어수선해진다. 하나 정도는 아름답지만 두세 개가 되면 칙칙해진다.

고가구 등을 사들이면서 깨달은 것은 우리 집 거실이 마치 골동품점과 같다는 것이다.

미국에서 오래 산 인테리어 디자이너인 친구가 찾아와서 이런 말을 했다.

"나이 들어서 민속공예품에 둘러싸여 살면 사람까지도 때가 끼어 보여."

그의 말을 듣고 나서야 나는 문득 깨달았다.

이 아늑한 방에서
마지막 꿈을 꾼다

고타츠를 쓰지 않기로 했어요

우리 집의 경리와 사무적인 일을 도와주는 야마다 가요코 씨가 작년 가을에 이런 말을 했다.

"우리 집은 올해부터 고타츠(낮은 테이블 모양으로 된 난방기구-옮긴이)를 쓰지 않기로 했어요."

이유를 물으니 게을러지기 때문이라고 한다. 한번 고타츠 속에 발을 들여놓으면 움직이는 것이 귀찮아진다. 게다가 손이 닿는 범위에 모든 것을 놓아두기 때문에 정리가 되지 않는다. 남편도 회사에서 돌아오면 바로 고타츠로 직행하고, 귀찮으면 식사도 고타츠에서 한다.

"우리도 쉰을 넘어서 게을러지지 않도록 신경을 쓰려고 해요."

라고 말한다.

그녀는 중역의 아내지만 남편의 직위와는 상관없이 20년 가까운 세월동안 내 일을 도와주고 있다. 쉰 살을 넘어서 일부러 힘든 일을 선택하기로 했다고 한다.

고타츠는 편하지만 편한 것에 이끌려서 아무것도 하지 않는 자세는 아름답지 않다. 고급스러운 전기장판을 깔고 다리를 덮으면 고타츠 없이도 지낼 수 있다. 그렇게 지내면 게을러지지 않는다.

고타츠 문제는 고타츠 이불에 있는지도 모른다. 이불이 있으면 눕고 싶어진다. 누워 있으면 하품할 생각이 없어도 하품이 절로 나온다. 고타츠를 쓰지 않고 방 전체를 따뜻하게 하면 움직임은 자유로워진다.

우리 집은 지금까지 30년, 아니 40년 가까이 고타츠를 쓰지 않고 있다.

이따금 고타츠가 그리워져서 거실 한쪽에 원래 있던 대로 일본식 방을 만들어볼까도 생각해보지만 그것에 대해서는 남편이 극구 반대다. 이유는 고타츠에서 나오고 싶지 않기 때문이라고 한다.

새해에 찾아가는 시댁에는 고타츠가 있다. 고타츠 안에 발을 넣으면 그대로 잠들어서 오랜만에 만난 어머니와 이야기를 나누지도 못하고 전전긍긍한다. 남편도 고타츠가 그립지만 안주하려는 자신과 그렇게 싸우고 있는 것이다.

안주한다는 것은 나이를 먹었다는 증거다. 편안한 것만 고른다면 정신이 늙었다는 얘기다. 늙은 마음으로는 불량해질 수 없다.

불량이란 세속이나 상식에 반하는 것이다. 그런 자신을 묶으려는 것과 의연하게 싸워서 자유롭게 살아야 할 것이다.

죽음을 맞기 위한 기분 좋은 공간 만들기

좌식생활의 장점은 서거나 앉는 것이 간단하다는 것이다.

마음에 드는 의자를 하나 만들자. 정말로 좋은 재질로 언제나 쓸 수 있는 자신만의 의자를 고르자.

나는 흔들의자를 내 의자로 정해두었다. 그 의자에 앉아서 좋아하는 오페라를 듣고 고양이를 안아주고 창 너머로 뉘엿뉘엿 지는 해를 바라본다. 내가 가장 좋아하는 시각은 저녁 무렵이다. 구름이 저녁놀에 검붉은 빛, 보랏빛, 그리고 검은 색으로 변하고 마침내는 칠흑 같은 어둠이 깔리면 하나둘 불이 켜지기 시작하면서 불빛의 수가 늘어간다. 저녁놀이 어둠으로 변하는 그 경계를 구별할 수는 없지만 생과 사도 그런 것일지 모른다는 생각을 한다. 정신을 차리고 보면 어느 새 어둠으로 변해 다른 세계로 바뀌어 있다.

마지막 순간은 가장 나다운 방법으로 죽음을 맞고 싶다. 그러기 위한 작은 도구, 환경을 지금부터 만들어가는 것은 어떨까.

내가 원하는 것은 커다란 진짜 그림 한 장이 벽에 걸려 있고, 다른 것은 흔들의자와 내 고양이와 저녁놀이면 된다. 그림은 예를 들면 앙리 루소의 '잠자는 집시 여인'같은 것이다. 사막에 누워 있는 집시 여인의 곁에 사자가 바짝 다가서 있는 그림이다. 집시 연인이 꿈꾸는 사이 사자가 다가서는 그 그림은 꿈과 죽음은 종이 한 장 차이, 잠과 죽음은 같은 것임을 암시한다.

이런 진짜 그림을 손에 넣는다는 것은 어려우니 포기한다고 해도 죽음의 순간에는 정말 소중한 것만을 남기고 싶다. 다른 것은 필요 없다.

좀 비싸더라도 그것을 위한 준비에는 돈을 들이고 싶다. 통이 큰 것도 불량의 조건이다.

마지막 꿈을 꾸기 위한 준비를 한다면 어떤 것이 있을까. 미리 말하지만 세트로 맞추어진 가구는 절대 아니다. 세트로 된 것 가운데는 자신도 그 세트의 하나로 맞추어져 있다.

내 의자, 내 책상 등 자신의 눈으로 선택한 것을 나름대로 갖추어 놓으면 편안한 공간이 만들어진다.

거기에 생활을 함께 하는 것, 즉, 남편이든 자녀든, 개든 고양이든 다른 누군가가 있음으로 해서 그 사람의 동작은 복잡하게 된다. 그렇게 생각하면 움직임을 가진 존재가 공간에 활력을 불어넣는 것이 틀림없다.

... *10*

꽃무늬 옷은 입지 않는다

왜 다른 사람과 같이
아줌마 차림새를 하는가

젊은 사람의 옷이 있는 매장에서 사자

젊었을 때 멋쟁이였던 사람도 나이가 들면 갑자기 세련미가 떨어진다. 그 좋던 센스가 어디로 갔는지 의문이 들 정도로 아줌마 아저씨 감각에 매몰되어간다. 남자의 경우에는 젊었을 때부터 즐겨 입는 색깔이 정해져 있기 때문에 눈에 띌 정도는 아니지만 여자의 경우에는 젊었을 때와 비교해서 색상이나 무늬 모두 바뀐다.

검정, 흰색, 회색, 베이지 등의 무채색을 기본으로 입던 것이 어느 틈에 센스가 자취를 감추고 다양한 색상으로 바뀐다. 나이가 들었으니 옷이라도 화려하게 입어야겠다고 생각하는지도 모르지만 색상을 살 맞추지 않으면 오히려 역효과가 난다.

특히 신경 쓰이는 것이 무늬다. 무늬라고 해도 체크나 줄무늬 같이 일반적인 것은 상관없다. 문제는 꽃무늬다. 이따금 기분을 바꾸어서 꽃무늬 옷을 입는 것은 괜찮지만 매번 꽃무늬 옷을 입고 나타나면 보는 쪽도 피곤하다. 입는 쪽은 피곤하지 않은지 모르겠다. 게다가 그 꽃무늬 옷을 한 사람이 입었다면 모를까 무리 지어 걷고 있는 사람들이 모두 꽃무늬 옷을 입고 있다면 어떨까. 색과 무늬의 통일성이 없어서 전체적인 인상은 지저분하게 보인다. 주변을 둘러보면 그런 무리가 꽤 많다.

중년들이 즐겨 입는 무늬의 옷을 입고 다른 사람과 똑같은 차림새를 해야 마음이 놓일지도 모르지만 그것은 스스로 자신을 추하게 만드는 일이다. 아줌마 무늬는 절대로 입지 않겠다고 생각하는 것이 좋다. 옷을 고를 때도 가능하면 중년 이상이 찾는 매장을 피하고 젊은 사람들이 즐겨 입는 옷 가운데서 심플한 것을 고르는 것이 좋다.

꽃무늬 이외에 다른 것은 싫다면 겉옷 안쪽에 받쳐 입는 블라우스나 스카프 등에 응용하는 것이 좋다.

내 경우에는 나이를 먹을수록 더 심플한 옷을 고른다. 꽃무늬는 입지 않는다. 얼마 전에 젊었을 때부터 입었던 옷을 꺼내보니 꽃무늬는 투피스 한 벌 뿐이었다. 그것을 입어보니 왠지 불편했다. 다른 사람이 된 것 같아 서둘러 벗어버렸다.

꽃무늬라고 해도 좋은 것과 나쁜 것이 있는 것은 말할 것도 없다. 눈으로 보면 예쁘게 보일지 모르지만 자신의 얼굴과 맞추어 보고 자신이 입은 모습을 생각하면 망설여질 때가 있다.

얼굴의 주름과 몸매를 꽃무늬가 감추어주지는 않는다. 꽃무늬가 예쁜 만큼 자신의 약점이 무참하게도 그대로 드러난다.

밝고 화려하게 꾸미고 싶다면 아무런 무늬도 없는 단색이 좋다. 아주 예쁜 색상을 고르자. 얼굴과 몸이 활력을 잃기 시작했다면 옷차림은 가능한 산뜻하게 연출하자. 꽃무늬는 활력을 더 떨어뜨려서 게을러 보이게 한다.

다시 말하지만 아줌마 색, 아줌마 무늬는 피하자. 가능하다면 심플하면서도 긴장감이 느껴지는 옷을 입자. 다른 사람을 흉내 내는 것은 결코 좋지 않다. 그렇게까지 하지 않더라도 각자의 개성이 매몰되어 가니 말이다. 자신다움을 내보일 수 있는 것을 젊은 사람의 취향 속에서도 찾을 수 있을 것이다.

아줌마의 여행에서 빠지지 않는 것

아줌마 여행에서 빠지지 않는 것이 있다고 한다. 칙칙한 무늬의 셔츠와 바지 차림에 배낭을 메고 등산모 같은 모자를 쓴다. 역에서 자주 보는 차림이다. 열차 안에서도 그런 사람들이 다 같이 큰소리로 웃으면서 떠들어댄다. 지금 5, 60대 이상은 젊었을 때

요즘 젊은이들처럼 해외여행이나 국내관광 등을 다닐 환경이 아니었다. 그렇기 때문에 어느 정도 나이가 들어 마음 맞는 친구들과 여행을 떠나고 싶어 하는 마음은 이해한다.

그렇게 어렵게 일상에서 발을 뗀 여행인 만큼 더욱 멋있게 보내는 것이 어떨까 싶다. 차림새도 다른 사람들이 하는 차림이 아니라 스스로 생각한 자신다움을 연출하는 차림을 해보는 것도 좋을 것이다.

나는 여름에는 별장에서 지내는 일이 많은데 이따금 별장이 있는 외곽도시에 가보면 눈에 띄는 것은 젊은이가 아니라 아줌마족이다. 모두 같은 옷차림으로 같은 가게에 떼를 지어 유명한 소프트아이스크림 가게 앞에 늘어서 있다. 그것이 나쁘다는 것이 아니다. 자신이 흥미를 느끼는 대로 마음껏 즐기면 된다.

객관적으로 볼 수 있는 눈을 키울 필요가 있다. 다른 사람들이 어떻게 보는지 자신들의 차림새나 행동을 체크해보자.

타인의 눈을 의식할 수 있는가 없는가.

중년 이상의 아줌마족은 무리 지어 다니는 것을 좋아해서 혼자 행동하는 일이 적다. 자신이 속한 무리의 일만 머릿속에 있어서 제3자가 되어 자신을 보지 못한다. 젊었을 때는 주변의 눈치도 보기 때문에 많든 적든 타인의 눈을 의식한다.

나이가 들어 다른 사람의 눈치도 보지 않고 부끄러움도 모르고 행동하는 것을 보면 슬픈 생각이 든다.
  혼자 걸으면 자연히 제3자의 눈을 의식한다. 나이가 들면 자부심을 갖고 나이가 든 만큼 아름답다는 생각으로 가슴을 펴고 다른 사람에게 의지하지 말고 걸어보자.

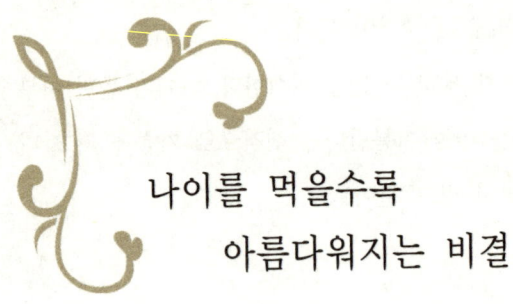

나이를 먹을수록 아름다워지는 비결

피부관리는 거르지 않는다—이시가키 아야코 씨 이야기

젊었을 때는 누구나 젊기 때문에 아름답다. 나이를 먹으면 육체적인 아름다움은 나날이 쇠하기 때문에 다른 아름다움을 찾아가야 한다.

정신적인 내면의 아름다움을 가미하는 것도 당연하지만 꾸미는 것도 중요하다. 젊었을 때의 세 배는 꾸미는데 신경 써도 좋다.

귀찮아하거나 아무도 보지 않는다고 해서 꾸미는 것을 게을리 하면 불량노년의 자격이 없다. 나이를 먹을수록 아름다워진다는 말을 듣는 사람은 젊었을 때의 몇 배나 꾸미는 것에 신경을 쓴다.

이미 돌아가신 분 중에서 어느 평론가를 들 수 있다. 화가인 남편과 함께 미국생활을 오랫동안 했고 일본에 돌아온 뒤부터 아흔

세 살에 돌아가시기 전까지 평론가로서 비평정신을 잃지 않았고, 그뿐 아니라 언제까지고 젊고 아름답다는 수식어가 따라다녔다. 나도 텔레비전이나 강연회에서 함께 자리를 했던 적이 몇 차례 있는데, 그의 하얀 피부는 언제나 윤기가 돌았고 선명한 색깔이 잘 어울렸다. 잘 손질된 손가락에 끼고 있던 사파이어반지, 강연회 등에서 보았던 로즈핑크나 새먼핑크의 옷이 인상적이었다. 고인이 특히 좋아했던 것은 인도의 사리 천이었다.

여든이 넘은 뒤의 출판기념회 때 빛나는 바다를 연상시키는 푸른빛에 금사가 들어간 사리 천으로 만든 옷을 차려입은 모습은 정말 아름다웠다. 그런 옷에 지지 않는 실속 있는 분이었고 뜨거운 정열을 마음속에 간직한 분이었다.

여든을 넘어서도 예순 정도로 밖에 보이지 않는 젊음의 비결은 비판정신으로 자신을 직시하는 판단력과 하루도 거르지 않는 피부관리에 있었다.

그 분과 둘이 강연을 간 적이 있다. 밤에 호텔에 돌아오니 무슨 이유 때문인지 뜨거운 물이 나오지 않았다. 매일 반드시 목욕을 하는 그 분의 요청으로 호텔 종업원이 뜨거운 물을 날라다 욕조를 가득 채웠다. 매일 밤 마사지를 거르지 않는다는 얘기도 그때 들은 말이다.

나는 낮에 호텔 풀장에서 그 분이 수영하는 모습도 목격했다.

자신을 아름답게 유지하기 위한 눈에 보이지 않는 노력이 있었던 것이다.

아름다움을 유지하기 위해서는 스스로 결정한 일은 무슨 일이 있어도 지키는 완고함이 있어야 한다. 자신과 한 약속을 지키고 그것을 계속하는 것이 얼마나 어려운가 하는 것은 게으름뱅이 내 자신도 잘 알고 있지만 나는 요즘 조금이라도 그 분을 닮아야겠다는 생각으로 피부관리를 시작했다. 예전에는 화장품도 받은 것을 써서 돈 한 푼 들이지 않았지만 지금은 한 달에 한번 미용실에서 얼굴 마사지까지 하면서 나름대로 관리하고 있다.

에르메스 가방이 어울리는 여자

나이가 들수록 아름다워지는 사람이 한 사람 더 있다. 평론가 아키야마 치에코 씨다. 현재 여든을 넘겼지만 젊었을 때보다 훨씬 아름답다. 깔끔하고 군더더기가 없고 내면에서 우러나오는 아름다움이 느껴진다. 그의 아름다움이 '아키야마 치에코의 대화의 방'이라는 라디오 프로그램을 계속진행하면서도 『아흔아홉의 사랑의 노래』 등 가슴 따뜻해지는 이야기를 써내는 자세에서 나온다는 것은 굳이 말할 것도 없다.

게다가 그는 멋을 잘 낸다. 언제 보아도 자신에게 잘 어울리는 좋은 것을 입는다.

 기본이 되는 색은 검정과 진한 청색이다. 그때그때 분위기에 맞추어 빛나는 의상을 입거나 검은빛이 도는 붉은 색의 물방울무늬 옷차림을 하는 모습이 귀엽고도 섹시하다.

 자신의 큰 체격을 잘 알고 검은 색 옷을 맞추어 입는 것도 센스가 있고, 그것에 맞춘 구두와 가방도 정말 좋은 것들이다.

 파리에서 검은 에르메스 가방을 산 이야기에 대해 들은 적이 있는데, 에르메스 가방은 젊은 사람에게는 어울리지 않는다. 어느 정도 나이가 들고 내적으로 성숙한 사람이 아니면 가방에만 시선이 가기 때문이다.

 나도 요즘은 가방과 구두에 신경을 쓴다. 신기 편하고 사용하기 편한 것, 그리고 정말 좋은 것을 고르려고 한다. 가방은 정해진 것이 없지만 구두는 페라가모의 일반적인 형태만 고른다. 색상은 검은 색이나 짙은 갈색이 좋다. 나도 선배를 따라 나이가 들어도 아름다워지고 싶다.

 친근감을 느끼게 하는 것도 중요하다. 앞에서 얘기한 평론가 분은 언제나 사랑의 마음을 잃지 않았던 점에서 보아도 멋진 불량노년을 보냈다. 아니 노년이라고 하기에 죄송한 마음이 들 정도로 아름다웠다.

 아키야마 씨는 젊은 친구들도 많고 일하는 여성을 하나로 묶기 위한 '여(麗)의 모임'도 만들었다. '여(麗)'는 정말 좋은 말이다. 나이가 들어서도 아름다워지자. 불량노년에 아름다움까지 겸비한다면 그야말로 금상첨화다.

얼마 전 '여(麗)의 모임'에서는 스티커사진에 푹 빠진 아키야마 씨가 우리들의 사진을 찍어서 한 사람 한 사람에게 스티커사진을 선물해주었다. 그런 동심에 젖어드는 것도 좋다.

무엇이든 재미있어 하는 기분, 나이를 먹더라도 유행에 흥미를 갖고 감동하는 마음을 가져보자.

불량은 자유분방함이 있다. 젊었을 때 왜 불량해보이던 남자에게 마음이 끌렸는가. 그것은 그에게서 자유분방함이 느꼈기 때문이다. 자유분방함이 있는 멋이 불량노년의 필수조건이기도 한다.

청결하고
품위 있는 것이 제일

청결한 모습이 좋다

　남편의 어머니, 즉 시어머니는 여든아홉이다. 맨션에서 혼자 살고 있지만 언제보아도 활기가 있다. 주변 사람들은 시어머니를 보고 모두 미인이라고 말한다. 나도 그렇게 생각한다. 생김새는 고전적인 동양 미인으로 이목구비가 잘 조화된 얼굴이다. 여름에는 간단한 차림을 하지만 겨울에는 전통의상을 입는 일이 많다. 시누이가 근처에 살고 있지만 기본적으로 살림은 모두 직접 한다. 장을 보는 일도 혼자 하고 은행에도 직접 간다. 연극 구경을 아주 좋아해서 어느 때는 밤과 낮을 가리지 않고 본다.
　연극을 오랜 세월 줄곧 보아왔기 때문에 무엇이든 물으면 곧바로 반응을 보인다.

그러던 어느 날, 공연이 끝난 뒤 호텔에서 생일파티가 있어서 우리 부부와 어머니도 함께 참가했다.

그 당시 연극배우도 그 자리에 있어서 어머니는 기쁜 듯 이야기를 나누었고 그 연극배우와 사진도 찍었다. 그때 얼굴을 붉혔던 어머니는 정말 아름다웠다. 빛이 날 정도로 다시 젊어진 듯한 어머니는 불량노년의 자격이 있었다.

어머니는 뒤끝이 없는 성격으로 평소에도 불평이 없고 누구를 대하든 차별하지 않고 똑같은 태도로 말한다. 여름에 가루이자와의 산장을 찾아오는 내 친구나 지인들에게도 어머니는 인기가 좋고 심지어 함께 식사를 하러간 곳에서 만난 생면부지의 사람들에게도 인기를 독차지 않다.

결코 화려하지 않고 오히려 수수한 편이지만 나이가 든 뒤에 꽃피기 시작했다.

나이가 들어 아름다워지기 위해서는 구체적으로 몇 가지 조건이 있는 것 같다.

하나는 청결함이다. 어머니의 경우도 아름답게 보이는 이유는 청결하기 때문이다. 나이를 먹으면 지저분하게 보이기 쉽지만 청초하게 보이는 것은 속옷부터 입는 옷 모든 것을 청결하게 하고 몸도 청결하게 유지하도록 신경 쓰기 때문일 것이다. 목욕을 아주 좋아하는 것은 아니지만 언제나 청결한 느낌이다. 살림도 고급스럽지는 않지만 모든 것을 갖추고 있고 빨래와 정돈도 모두 직접 한다. 식사 후의 정리를 당신이 해야 할 일로 생각하고 구석구석까지 깨끗이 해준다. 생활의 청결함이 행동에서도 나오는 것이 틀림없다.

나도 최근에는 의식적으로 청결해지려고 애쓰고 있다. 얼굴 표정에는 그 사람의 생각이나 생활방식이 배어나오기 때문에 자신의 몸과 관련된 것은 스스로 정리할 필요가 있다. 얼굴과 손, 다리 등 다른 사람의 눈에 띄는 곳은 언제나 청결하게 하자. 나는 얼마 전까지만 해도 옷 색깔에 맞추어 매니큐어를 발랐지만, 요즘은 손톱 자체를 아름답게 하려고 한달에 한번은 미용실에서 피부관리와 함께 손톱관리도 하고 있다. 그 이후로는 매니큐어를 바르지 않는다. 젊은 사람이 바른 매니큐어는 그 나름대로 매력이 있지만 나이든 사람이 바른 매니큐어는 불결하게 보이는 일이 많다. 손톱의 건강을 위해서도 자연의 미를 살려 깨끗하게 손질하는 것이 좋은 것은 말할 것도 없다.

좋은 것이 어울리는 나이는 나이가 든 뒤부터

그 다음으로 중요한 것은 심플하고 좋은 것을 입는 것이다. 앞에서 쓴 것처럼 꽃무늬는 맞지 않는다.

무늬가 없는 단색이나 줄무늬, 체크무늬 등 깔끔한 것을 입는 것이 좋다. 때로는 화려한 색상도 좋지만 마찬가지로 기본은 검정, 흰색, 회색, 베이지 등의 색상으로 하고, 어두운 색상이 많다면 조금 밝은 색으로 맞추거나 해서 어떻게든 심플하게 차려입는 것이 보기에도 좋다. 스타일도 프릴이나 둥근 깃 등과 같이 부드러운 느낌을 주는 것보다는 단정한 느낌이 드는 것을 기본으로 하는 것이 좋다.

다만 똑같은 검정색이나 흰색이라도 품질이 좋은 것을 고르자. 젊었을 때는 싼 것이라도 맞추어 입는 재미가 있고 어울리지만 나이가 든 뒤에는 비싸더라도 좋은 것이 좋다. 좋은 것이 정말 잘 어울리는 것은 나이가 든 다음부터다. 젊은 사람이 유럽의 유명브랜드를 선호하는 것은 좋게 보이지 않지만 나이가 든 뒤에는 유명브랜드가 아니더라도 품질이 좋은 것으로 오래 쓸 수 있는 것이 좋다. 세일을 찾아다니는 것도 정말 고급품질의 상품을 싸게 살 수 있는 일이라면 모를까 싸다고 해서 사는 것은 삼가는 것이 좋다.

질 좋고 심플한 것을 마음에 들어서, 혹은 재미삼아 사들이는 것보다는 정말로 자신이 쓸 몇 가지를 좋은 것으로 사자. 나는 젊었을 때부터 심플한 것만 입었기 때문에 몇 번 입어도 질리지 않고 아끼면서 입는 것이 몇 개 있다.

입는 것은 정해져 있다. 결국 마음에 드는 것 이외에는 입지 않기 때문에 잘 생각해서 고르는 지혜가 필요하다.

그 대신 집안이나 노는 장소에서는 마음껏 즐겁게 평소 입지 못하는 차림을 해보자. 나는 자루이자와의 별장에서는 대개 청바지를 입고 다양한 색깔과 형태의 모자를 즐겨 쓴다. 산책용, 쇼핑용 등으로 구분하는데 색색의 모자는 집안을 장식하는데 쓰기도 한다.

야간음악회 등에는 반짝이는 장식을 단 옷으로 멋을 부려보는 것도 좋다. 나이가 든 뒤에는 가능하면 그 시간과 장소, 상황을 즐기자.

'나이가 들수록 더 화려하게 가꾸자'고 말하는 사람이 있지만 나는 그렇게 생각하지 않는다. 나이가 들수록 즐겁게, 품위 있게, 청결하게 살아야 한다. 화려한 것은 오히려 나이를 부각시키고 참혹한 결과를 만든다.

거리나 엘리베이터 안에서 우연히 마주치는 품위 있는 노부부는 언제까지고 마음에 남는다. 나도 그런 산뜻함을 배우고 싶다.

11
전통의상을 입고 지내자

전통의상은 일곱 가지 단점을 가려준다

신년에는 부부가 함께 전통의상을

잡지 '크로와상'에서 전통의상을 입은 우리 부부의 사진을 찍고 싶다고 제안해왔다. 우리 부부는 쾌히 승낙했다.

나는 마흔 살이 되었을 즈음 올해부터는 가능하면 전통의상을 입겠다고 결심했었다. 하지만 바쁜 일과에 쫓겨서 실천에 옮기지 못하고 쉰 살이 되었을 때도 매일 전통의상을 입고 지내겠다고 생각했지만 그 역시도 오래가지 못했다. 예순 살이 되었을 때 이번이 마지막 기회라고 생각했다. 이미 3년이 지났는데, 여간한 일이 아니면 전통의상을 입는다는 것은 여전히 쉽지 않다. 기껏해야 명절 때 정도인데, 그마저도 시간이 없어서 양장으로 외출한다. 잡지 촬영과 같이 필요할 때는 기꺼이 입지만 일상생활에서는 쉽지 않다.

"쉰 살에 입지 않으면 점점 귀찮아져서 입지 않게 된다."

라고 전통의상을 좋아하는 어느 사진작가가 말한 적이 있다. 그의 말대로라면 이미 늦은 것인지도 모른다.

그래서 일단 입는 버릇을 들이지 않으면 안 된다는 생각으로 전통의상을 입고 추는 춤을 배우기 시작했다. 하지만 이것도 연습이 끝나면 옷을 갈아입기 때문에 전통의상을 입는 시간은 그렇게 길지 않다. 하지만 귀찮게 여겨지던 것이 조금은 덜하다.

사실 나는 전통의상을 좋아한다. 목이 길고 어깨선이 완만해서 전통의상이 어울리는 체형이라는 말을 자주 듣는다. 젊었을 때 가끔 전통의상을 입으면 평소에는 전혀 섹시하지 않다는 말을 듣는데도,

"집 한 채 줄만 하군."

하는 농담을 던지곤 했다. 전통의상을 입으면 나도 조금은 섹시해 보이는 모양이다.

전통의상은 일곱 가지 단점이 가려진다고 한다. 우리 어머니는 젊었을 때는 양장만 입었지만 언제부턴가 전통의상만 입었다. 전통의상이 취미이고 부탁을 받아서 전통의상 전문점에서 조언을 해주기도 했기 때문에 유품 중에는 전통의상이 많았다.

주변 사람들에게 나눠주기도 했지만 여전히 많았다. 나를 위해

서 만들어 놓았던 것도 있어서 평생 입어도 다 입지 못할지도 모른다.

부지런히 전통의상을 입자. 그래서 나는 촬영이 있을 때는 가능하면 전통의상을 입는다.

평소에도 새해에는 반드시 전통의상을 입고 지낸다. 나뿐 아니라 남편도 마찬가지다. 오히려 남편은 나보다 전통의상을 좋아해서 여름에도 즐겨 입는다.

남자의 전통의상 차림도 무척 보기 좋다. 여자는 당연한 부분도 있지만 남자의 경우에는 그 전까지 볼 수 없던 매력이 나온다. 마른 사람은 마른대로 살찐 사람은 살찐 사람대로 잘 어울린다. 서생 같은 모습은 귀엽고, 우람한 모습은 근사하다. 남자들도 더 많은 사람들이 전통의상을 입었으면 하는 바람이다.

최근에는 대학 졸업식에 여자뿐 아니라 남자도 전통의상을 입는 사람이 늘고 있다고 하는데, 개인적으로 아주 바람직한 일이라고 생각한다. 전통의상 입는 습관을 들이자.

남자의 새로운 매력 발견!

전통의상 차림을 하면 그것이 트레이드 마크가 된다. 펜클럽의 회원 작가 가운데 항상 전통의상 차림을 하는 사람이 있다. 역사

소설을 쓰는 그의 이미지에 딱 들어맞는다. 남자의 경우 넥타이를 맬 필요도 없고 여자와 달리 전통의상이 훨씬 편하다.

우리 남편의 경우 대학교수이기 때문에 평소에 전통의상을 입는 경우는 적지만 전통의상을 취재하는 것에 대해서는 싫어하지 않는다.

몇 년 전에 '아름다운 옷'이라는 잡지사의 의뢰를 받아 우리 부부는 함께 전통의상을 입어야 했다. 몇 페이지에 걸친 기사로 편집부에서 준비한 전통의상을 입었다.

내가 입을 옷은 조절할 수 있도록 되어 있어서 불편함이 없었지만 남편은 키가 180센티미터 가까이 되기 때문에 준비된 옷이 잘록해서 다리가 드러났다. 어쩔 수 없이 상반신이나 무릎 정도에서 잘리고 말았다. 완성된 사진을 보니 역시 프로 사진작가가 찍어서 어색한 모습은 전혀 없이 즐거운 분위기가 돋보였다.

속사정을 모르는 친구들은 그 전통의상 차림이 잘 어울린다고 입을 모아 말했다. 남자들의 전통의상 차림에는 의외성이 있는지 평판이 좋았다.

남자의 전통의상 차림은 매력적이다. 가능하면 배우자, 연인, 자녀, 형제에게 전통의상을 입혀보자. 필시 새로운 매력을 발견할 수 있을 것이다. 나이가 들면 전통의상이 잘 어울린다.

여자도 젊었을 때와 달리 안정적인 분위가 느껴지고 전통의상은 체형도 커버해준다.

앞에서 쓴 시어머니는 체구가 작지만 전통의상이 정말 잘 어울린다. 전통의상 차림으로 나가면 주변 사람들의 시선을 한눈에 받는다.

나도 올해부터는 가능하면 전통의상을 입어야겠다고 생각하고 있다. 입는 버릇을 들이면 얼마든지 부담 없이 간편하게 입을 수 있다.

앞장에서 나이가 들어 민속공예품을 늘어놓은 주거환경은 늙어 보이게 한다고 쓴 것과 여기에서 전통의상을 권하는 것은 모순이라고 생각할지도 모르지만 청결하고 깔끔하게 차려입은 전통의상 차림은 아름답다. 민속공예품 같이 때가 낀 듯 칙칙한 색은 좋지 않다는 얘기다.

전통의상을 입는 진짜 즐거움

전통의상을 입은 여자는 시선을 사로잡는다

와타나베 준이치 씨의 소설에는 전통의상 차림의 여성이 자주 등장한다. 묘사도 아름답다. 『실락원』이든 『화신』이든 와타나베 씨 작품의 매력은 전통의상에서 찾을 수 있다. 드라마와 영화로 만들어졌을 때도 주인공을 맡은 배우는 전통의상이 잘 어울리는 배우였다.

전통의상의 매력을 현대에서 되살렸다는 점에서 와타나베의 공적은 크다.

그 자신도 전통의상을 입은 여자를 좋아하는 것 같다.

내 지인 중에 40대의 춤을 가르치는 선생이 있다. 그는 네 살 때부터 무용을 배우기 시작했고 지금은 제자도 많다.

작은 체구로 귀엽고 언제나 전통의상을 입고 있다.

여류작가 가운데도 전통의상을 즐겨 입는 사람이 많다. 미야오 도미코 씨와 사와치 히사에 씨는 아사히방송의 모닝쇼를 진행하는 오시마 나기사 씨와 함께 '여자학교'라는 프로그램에서 출연한 적이 있다.

미야오 씨는 어렸을 때부터 전통의상과 가까운 환경에서 자란 탓에 자세가 나온다.

사와치 씨는 평소에는 양장차림이지만 파티 등에서는 거의 전통의상 차림이다. 전통의상 차림이 너무나 자연스럽다. 그들을 보면서 나도 자연스럽게 전통의상 차림을 할 수 있었으면 좋겠다고 생각하곤 한다.

젊은 층 가운데는 마츠모토 유코 씨가 대표적인데, 평소에도 전통의상을 입는 일이 많다. 아직 젊기 때문에 앞으로도 전통의상을 즐겨 입는다면 나름대로 자연스러운 분위기를 연출할 수 있을 것이다.

그냥은 보아 넘길 수 없는 화려한 유카타

최근에는 전통의상을 입는 것이 붐이라고 한다. 전통의상 입는 방법을 가르쳐주는 강좌는 언제 보아도 빈자리를 찾아보기 어렵다고 한다. 그만큼 전통의상을 좋아하는 사람이 늘었다고 생각하니 기쁘다. 혼자서 입을 수 있게 되면 보다 부담 없이 전통의상을 입을 수 있을 것이다.

젊은 사람들도 새로운 패션으로 전통의상을 자주 입게 되었다. 하지만 여름의 그 싸구려 티 나는 조잡한 전통의상은 그냥 보아 넘길 수 없다. 양장차림을 할 때는 검은색, 흰색, 회색, 짙은 청색 등의 단색을 좋아하는 젊은 사람들이 왜 저런 무늬의 전통의상을 입는지 의문을 갖게 된다. 센스 있는 양장차림을 하는 것처럼 전통의상을 입을 때도 센스를 발휘해주었으면 하는 마음이다.

파는 쪽에 문제가 있는 것인지도 모른다. 아무리 둘러보아도 옛날부터 입던 쪽 빛과 흰색이 어우러진 무늬를 찾기 어렵다.

옷감도 문제다. 부담 없는 가격이어야 한다는 생각을 하기 때문인지 값싼 옷감이고, 디자이너들이 만든 것도 있지만 전통의상에 관해서만큼은 성공한 예가 별로 없다.

전통의상에는 전통의상의 장점이 있다. 명주로 짜 부드러우면서도 단단한 것에서 고운 생사로 짠 부드러운 비단에 이르기까지 옛날부터 쓰인 옷감이 좋다. 다만 최근에는 꽃무늬 등의 새로운 디자인이 많은데 개인적으로는 좋게만 생각되지 않는다. 줄무늬나 격자무늬와 같은 전통무늬가 아름답고 더 현대적인 느낌이 든다.

　작년에 바쇼후(파초 섬유로 짠 오키나와의 주요 공예품 가운데 하나-옮긴이)를 만드는 사람을 취재했는데, 빳빳하게 펴진 바쇼후를 몸에 둘러보니 매미 날개처럼 얇고 시원했다. 이처럼 시원한 천은 그 땅이 만들어낸 것으로 소중히 하는 것이 당연한데, 사고 싶어도 값이 비싸다. 하지만 오래된 것은 가격이 싼 것도 있어서 중고 전통의상을 취급하는 전문점이라면 싸게 살 수 있을지도 모른다.

자주 입는 옷은 몸에 길든다

　기호는 바뀐다. 젊었을 때 명주처럼 조직이 치밀한 것이 좋아해서 명주만을 찾는 내게 어머니가 이런 말을 한 적이 있다.
　"나이를 먹으면 말이지 부드러운 것이 좋아진단다."
　확실히 지금 나이가 되고 보니 나도 부드러운 천, 부드러운 색상이 좋다. 속이 늙어 가면 몸을 둘러싸는 것으로 부드러움과 따뜻함을 보여주고 싶어지는 모양이다. 이상한 일이지만 그것이 제법 잘 어울린다.
　그리고 전통의상은 자주 입는 것일수록 몸에 잘 맞는다고 한다. 언젠가 잡지 촬영을 위해서 어머니가 자주 입던 전통의상 한

벌을 입은 적이 있다. 소름이 돋을 정도로 옷이 몸에 딱 맞았다. 그때 느낀 전통의상의 편안함에서 전통의상을 입는 진짜 즐거움을 깨달을 수 있었다.

바쇼후도 마찬가지다. 바쇼후로 지은 옷을 처음 입어본 내 느낌은 빳빳한 느낌뿐이었지만, 다이라 씨가 입은 것은 몇 번이나 입고 잠을 잤다고 할 정도로 몸에 딱 맞아 다이라 씨의 옷이 되어 있었다.

나는 과연 내 몸에 딱 맞는 나만의 전통의상을 몇 벌이나 가질 수 있을까. 전통의상을 제대로 입는 것도 자유로운 노년을 보내는 마음가짐이 아닐까.

...12

일찍 자고 일찍 일어나려고 애쓰지 않는다

건강에 지나치게
신경쓰지 않는다

아침형이든 저녁형이든 자신에게 맞으면 된다

"요즘 혈압이 높아졌어요. 원래는 저혈압이었는데."
"어머 얼마나요? 저도 그래요. 약은 드세요?"
"콜레스테롤 수치를 낮추는 것만……."

이런 대화가 늘었다. 사람들을 만나면 건강 이야기만 한다. 암에 걸린 사람, 우울증에 걸린 사람 이야기를 하다가 대화가 끝나는 경우도 있다.

건강에 주의를 하는 것도 필요하지만 그것이 생활의 전부여서는 재미가 없다.

너무 신경을 쓰면 사는 것도 재미가 없어진다. 자신에게 맞는 방법으로 건강관리를 하고 있다면 다른 것은 여유를 갖고 대하는 것이 좋을 것이다.

 일찍 일어나고 일찍 자는 것이 좋다는 것은 알아도 못하는 사람도 있다. 나도 일의 형편상 젊었을 때부터 늦게 자고 늦게 일어나는 것이 습관이 되었다. 자는 것은 대개 1시나 2시이고 일어나는 것은 9시나 10시 무렵이다. 아침 일찍 강연하러 갈 때는 예외지만 대개 생활패턴이 일정하다. 아침 식사는 9시 반이나 10시 반이고 점심은 2시간이 늦추어진 2시쯤 먹는다. 그래서 저녁은 8시에 먹는 것이 보통이다.

 일어나서는 멍한 상태이기 때문에 신문을 읽거나 주변 정리, 산책을 하고, 점심이 지나서부터 일을 한다. 그렇게 7시쯤까지 원고를 쓰고 8시에 식사를 하고 나면 9시부터 2시간 정도 휴식시간을 갖고 잠자기 전까지 원고를 쓰거나 책을 읽거나 한다. 집에 있으면 이런 생활패턴이 지켜지지만 밖에서 일을 하거나 누군가를 만나는 경우도 많기 때문에 전체적으로 보면 생활이 불규칙하다. 원래 규칙적인 생활을 잘 못하는 성격이어서 불규칙적인 생활이 당연한 것처럼 굳어졌기 때문에 일부러 흐름을 깰 때도 있다. 그렇게 하는 것이 기분 전환이 되고 좋다.

 글을 쓰는 사람 중에도 아침형, 낮형, 저녁형이 있다. 예를 들면 어느 작가는 전형적인 아침형으로, 밤 8시나 9시쯤에 잠을 자서 새벽 3시나 4시쯤 일어나 일을 한다고 한다. 또 다른 어느 작가는 낮형으로 산장에 머물면서 자연의 리듬에 맞추어 일하는 경우가 많다.

저녁형인 작가도 있다. 새벽 4시, 5시 무렵까지 일하고 정오가 되기 전에 일어난다. 평소에는 자신의 생활패턴에 맞추어 일하던 이 세 사람이 언젠가 일 때문에 2박3일을 함께 지내게 되었다고 한다. 아침형 사람은 일찍 일어나고 일찍 자는 자신의 생활패턴을 지켰고, 저녁형 사람 역시 저녁형으로 일을 했지만, 낮형인 작가는 다른 두 사람 사이에 끼어서 고생했다고 한다.

유아독존으로 가자

자신의 일상에서 벗어난 경우 빨리 자신에게 맞는 페이스를 찾아야 한다. 나는 다음 날 아침 일찍 일어나야 한다는 생각을 하기만 하면 예외 없이 잠을 잘 이루지 못하는데 그럴 때는 주저하지 않고 신경안정제를 먹는다. 나는 잠을 충분히 자두지 않으면 다음 날 일을 제대로 하지 못한다. 그래서 잠이 부족한 경우에는 열차 안이든 비행기 안이든 어떻게든 눈을 붙이려고 애쓴다.

그렇게까지 해서도 잠을 잘 시간이 없을 때가 있다. 그런 경우에는 신경 쓰지 말아야 한다. 잠이 부족하다는 생각을 하고 있으면 의식을 하게 돼서 더 괴롭다.

라디오의 인기프로그램 '라디오심야편'은 현 아나운서가 담당하기도 하지만 그 절반 이상은 과거에 방송국에 몸담았던 아나운서들이 진행하고 있다.

가장 오래 진행했던 사람인 선배가 있다. 나보다 2년 선배로 활기가 있고 시원시원한 안내는 변함이 없다. 다만 방송시간이 밤 11시부터 다음날 아침 5시까지로 생방송이기 때문에 힘이 들 것이다. 나라면 다음 날은 꼼짝도 못할 텐데 그는 언제 보아도 활기가 있다. 오랜 세월 진행하고 있기 때문에 일주일에 한 번하는 것이 습관이 되어 힘들지 않다고 한다.

나이를 먹으면 규칙적인 생활을 하라고 하지만 자신에게 맞는 규칙으로 충분하다. 다른 사람의 흉내를 내는 것은 좋지 않다. 몸의 조건이 사람마다 다르기 때문에 다른 사람의 흉내를 내서는 불량노년을 보낼 수 없다.

담배도 다른 사람에게 피해를 주지 않는다면 피워도 상관없다. 줄담배를 피우는 사람이 건강하고 담배를 피우지 않는 사람이 폐암에 걸리는 일도 있다. 의사에게 진찰을 받거나 주의하는 것은 좋지만 너무 지나치게 신경 쓰지 말자.

요즘은 노인성 우울증을 경험하는 사람도 많은데 신경을 많이 쓰고 다른 사람에게 신경 쓰는 사람이 우울증에 걸리기 쉽다고 한다. 자신의 우울증 체험을 책으로 펴낸 방송국의 대선배는 어느 날 정신을 차리고 보니 선로 옆에 서 있었다고 한다.

지금은 다시 건강을 되찾아서 함께 술을 마셔도 옛날 그대로고 여전히 젊다.

그 밖에도 우울증에 걸려서 병원에 입원한 작가나 대학교수도 많지만 예민한 사람이 걸리기 쉽다. 내가 아는 바로는 남자가 많다. 그만큼 예민한지도 모르겠다.

적당히 무딘 것도 불량노년에 필요한 요소일지도 모른다. 다른 사람을 신경 쓰거나 혼자 고민하지 말고 마이페이스를 지키자. 나는 남편에게 유아독존이라는 말을 들을 정도로 B형 마이페이스 인간이니 우울증 걱정은 하지 않아도 좋을지 모른다.

... *13*

싸움을 하자

비판정신을 갖자!

정년 후 늙는 사람, 늙지 않는 사람

이시가키 아야코 씨는 마지막까지 비판정신을 잃지 않았던 분이다. 젊은 시절 미국에서 쌓은 반골정신이 건재해서 여든을 넘어서도 방송과 잡지, 책 등에서 독자적인 의견을 내놓았다. 이시가키 씨는 내 어머니보다 연상으로 어머니도 젊었을 때부터 평론가로서의 그의 언행에 큰 영향을 받았다고 한다.

그는 오랜 세월 가정부와 함께 살았지만 집안일을 해주던 가정부가 집안의 사정으로 고향으로 돌아가는 처지가 되자 양로원으로 들어갔다.

그곳에서도 보살펴주는 여성을 말상대로 텔레비전에 나오는 정치가에 대해 날카로운 비판을 쏟아내고 사회적인 사건에 비판을 가했다. 마지막 순간까지도 그것을 계속하고 싶다는 말을 듣고 나는 안심했다.

정치나 사회에 비판의 눈을 가질 수 있는가, 없는가. 이시가키 씨는 젊은 시절부터 돌아가시기 전까지 그 일을 관철했다. 이시가키 씨의 일생에 마음이 끌리는 것은 그런 비판정신이 있기 때문이다.

불량이란 체제로부터 한 걸음 물러나서 항상 비판정신을 잃지 않는 정신이다. 체제 속에서 살아온 사람은 그것으로부터 멀어지면 더 빨리 늙는다. 아웃사이더로 어느 정도 거리를 두고 지켜보아 온 사람은 정신만큼은 늙지 않는다.

요즘 나는 정치나 사회의 움직임에 대해 내 나름의 감각으로 비판하는 눈을 갖고 있다고 생각한다. 세상일에서 비판하는 눈을 잃는다면 그때는 끝이다. 정신이 죽는 것이다. 육체가 튼튼한 것은 좋지만 살아있는 송장은 되고 싶지 않다. 아픈 것은 어쩔 수 없다고 해도 마지막 순간까지 자신의 머리로 생각할 수 있도록 나 자신의 생각을 갖고 살고 싶다.

그러기 위해서는 자신이 할 수 있는 방법을 끊임없이 계속해야 한다. 신문을 읽고 책을 읽어서 자신의 머리로 생각하고 생각한 의견을 말해야 한다.

친구와 나누는 대화도 마찬가지다. 평소에는 재미삼아 부질없는 이야기를 해도 현상에 대해 제대로 비판하고 자신의 의견을 갖고 있는 친구가 필요하다.

내 대학 친구 중에는 그런 친구가 있다. 그 친구는 학창시절 학생운동을 했던 투사였고 나는 학생운동에는 별로 관심을 쏟지 않았다. 그 친구와 어느 정도 거리를 두고 있었지만 늘 내 마음에 걸리는 것이 있었다. 나에게 학생운동은 이상하게 오기를 부리는 듯 여겨져서 조금 떨어진 곳에서 차가운 시선으로 관찰하는 입장이었다.

그후 그 친구는 결혼하여 남편과 미국으로 건너갔고 말콤X가 암살당하던 현장에도 있었다고 한다. 그 친구와 이야기를 나누게 된 것은 그가 돌아와서 일을 시작했을 때였다.

의견을 나누는 상대방이 누구인가?

그 전까지는 서로에 대해 별로 호의를 갖고 있지 않았지만 정치나 사회에 대해 이야기를 하던 중에 서로의 생각을 확인할 수 있었고, 그 후로 때때로 만나서 이야기를 나누곤 하는데 늘 현 상황에 대한 비판이 되곤 한다. 그 친구도 나와 나이가 같지만 변함없이 비판정신을 갖고 살아서 나이가 들었지만 둥글어지기는커녕 나날이 예리해져 간다.

그 친구의 남편 장례식에서는 친구들이 관을 둘러싸고 하룻밤을 이야기로 밝혔다. 나도 그 자리에 있었는데, 일반사회와 동화되어 살아가는 과거의 학생운동투사들이 예전의 비판정신만큼은 그대로라는 사실을 발견할 수 있었다.

나는 그 친구와 둘이 만나 식사를 할 때는 다른 사람에게는 이야기하지 않는 것을 이야기한다. 이야기하면서 부족한 부분이 드러나면 다시 스스로 생각해서 궤도를 수정한다. 그런 친구가 있다는 것이 기쁘다.

아픈 데가 없던 그 친구도 이따금 다리가 아프다거나 감기기운이 있다는 말을 하곤 하지만 언제까지나 지금의 감각을 잊지 않길 바란다.

남편도 좋은 이야기 상대다. 우리는 각자의 일이나 자세한 내용에 대해서는 이야기하지 않지만 정치나 사회현상에 대해서는 의견을 나눈다. 내 남편은 방송국의 보도부에서 일했기 때문에 사회에 대한 반응만큼은 예리하다. 대학에서 학생들을 가르치기 시작한 후로 역사적인 관점이 가미되어 수긍하는 부분도 있고 반발하는 부분도 있다.

우리 부부는 텔레비전이나 신문을 보다가 '뭔가 이상하다'는 말로 이야기를 시작하게 된다. 계속해서 비판이 이어진다. 상대방의 의견에 대해 생각이 같지 않은 것은 이유를 들어 반론한다. 그런 상대가 옆에 있다는 것은 감사한 일이다.
  비판정신을 갖자. 결코 힘 앞에 굴복하지 않겠다. 나는 언제나 내 자신에게 이렇게 말하고 있다.

이제 '좋은 사람' 노릇은 그만두자

건방지다는 말이 칭찬

"저 사람도 많이 둥글어졌군."
"그 정도로 나이가 들었다는 얘기지."

이런 대화를 자주 듣는다. 소문의 주인공은 젊었을 때 주장이 강하던 B다. 그는 가는 곳 어디서나 자신의 생각을 말해서 다른 사람들과 충돌하곤 했다. 나는 남몰래 그의 몸에 돋아난 가시를 사랑하고 있었다. 나이가 들면서 그 가시가 없어지고 둥글어졌다. 그런데 그것은 과연 좋은 일일까. 대부분의 사람들은 그런 그를 반기지만 나는 씁쓸하다. 그가 더 이상 그가 아니기 때문이다. 젊었을 때처럼 무슨 일에든 나서서 덤비는 것은 피곤한 일이다. 하지만 싸움을 걸 정도의 젊은 마음만큼은 갖고 있길 바란다.

나는 젊었을 때부터 별로 말이 없는 탓에 어른스럽다는 말을 들었지만, 양보할 수 없는 일은 내 생각을 내세웠고 계속 그렇게 해왔다. '둥글어졌다'는 말은 듣고 싶지 않다.

어렸을 때부터 반항아였던 나는 고등학교를 다닐 때도 학교교복이 나에게 어울리지 않는다고 생각하고 같은 색상의 양장차림으로 더블버튼 상의에 주름이 훨씬 많은 스커트를 입고 다녔다. 선생님에게 주의를 듣긴 했지만 나는 내 생각을 이야기하고 계속 입고 다녔기 때문에 내 옷차림은 묵인되었다. 억지로 교칙을 따르도록 하지 않았던 선생님에게는 감사드린다. 지금도 내 안에는 그 때의 나 자신을 소중하게 간직하고 있고 변할 생각도 없다.

얼마 전 '여성방송간담자상' 수상식에서 수상한 캐스터를 만났다. 일을 시작한 지 이미 25년이 된다고 한다. 그 캐스터가 마음에 들었던 것은 다소 건방진 듯 보이는 느낌 때문이었다. 상대방에게 자신의 생각을 피력하는 모습에서 두려움을 모르는 젊음이 느껴졌었다.

수상식에서 뭔가 한마디 해달라는 말을 듣고 나는 그때 일을 이야기했다. '건방지다'는 말이 오해를 받으면 안 되기 때문에 '내가 여자에게 건방지다고 말하는 것은 최대의 칭찬이다'라는 말을 덧붙였다. 그리고 언제까지나 그 느낌을 잃지 말길 바란다고 말했다.

둥글게, 둥글게는 필요 없다

건방지지 않으면 일은 할 수 없다고 나는 생각한다. 건방진 원인은 자기주장이 있어서 납득할 수 없다는 이야기일 것이다. 순순히 따라주길 바라는 선배가 볼 때는 화가 치밀겠지만 신경이 쓰이는 것도 사실이다.

아무래도 좋은 일을 일삼아 충고하는 선배가 많다. 그 충고를 그대로 받아들여서 고민하거나 하라는 대로 따르는 여성을 보면 효과가 있다고 생각하기 때문에 비슷한 일을 보면 또 주의를 준다. 충고에 신경을 쓰면 바로 공격대상이 되는 것이다.

나는 귀찮기 때문에 그 자리에서는 알겠다고 대답하고도 그렇게 생각하지 않는 것은 따르지 않는다. 내가 생각하는 대로 행동하는 것이다. 처음에는 '건방지다'며 말이 많지만 시간이 지나면서 '그 사람은 원래 그렇다' '그 사람도 뭔가 생각이 있겠지' 라고 하면서 작은 일은 더 이상 말하지 않는다. 이렇게 되면 뜻대로 된 것이다. 그 사람의 생각을 인정해주기 때문에 훨씬 편해진다. 그렇게 되기까지 참는 것이 중요하다.

좋은 사람이 되자, 모두에게 좋은 사람이라는 말을 듣고 싶다는 생각을 하면 태도가 비굴해진다. 주변을 둘러보고 그것에 맞추려고 한다. 그런 환경에서는 진짜 친구가 생기지 않는다. 싸움을 하고 말하고 싶은 것을 서로 말할 때 비로소 서로의 마음이 통한다.

좋은 사람이 되기 위해서는 포즈를 취하고 연기를 해야 한다. 마음속에서는 그렇게 생각하지 않지만 다른 사람에게 맞추기 때문에 서서히 사이가 벌어지고 노이로제가 생긴다. 자신의 생각을 좀더 분명하게 말해보자. 그러면 생각하지 못했던 곳에서 해결되는 경우도 많다.

나이를 먹었다고 해서 둥글어질 필요는 없다. 나이가 들어서는 더더욱 뿔을 세워서 젊었을 때 말하지 못했던 것도 말하자.

미움 받는 사람이 세상에 나가서는 오히려 행세한다는 말이 있다. 미움을 받으면 어떠랴. 모두에게 사랑받기 위해 비굴한 노인이 될 필요는 없다. 좋아하는 사람에게 사랑받는 것으로 충분하다. 이쪽에서 싫어하는 사람은 상대방도 이쪽을 싫어하는 경우가 많다.

싫어하는 사람의 근처에 있는 것은 그 자체로도 피곤하기 때문에 체력을 유지하기 위해서라도 상대하지 않는 것이 좋다.

서로를 이해하는 사람과는 자신의 생각을 말해서 싸움도 해보자. 싸움을 하려면 체력이 필요하다. 중요한 싸움을 하기 위해서는 체력도 길러야 할 것이다. 불량은 당연히 싸움을 잘하는 것이다.

14

반드시 매일 신문을 읽자

노후의 두뇌체조

계속 읽자

신문이 들어오지 않는 월요일 아침은 손이 허전하다. 뭔가 잊기라도 한 듯 불안하다. 신문을 읽는 습관은 오랫동안의 생활로 몸에 배어 있다.

우리 집에서는 아사히신문과 도쿄신문을 구독하고 있지만 역에서 마이니치나 요미우리를 살 때도 있다. 일반적으로 말하면 샐러리맨은 아사히와 닛케이, 요미우리와 닛케이를 구독하는 사람이 많다고 하는데 도쿄신문은 지역사회와 관련된 기사와 문예란이 재미있어서 반드시 읽는다.

신문에 따라 톱기사가 다른 것도 재미있고 신문마다 다른 칼럼도 읽을 만하다.

신문은 정보원인 동시에 사실의 확인과 생각하는데 반드시 필요하다. 텔레비전을 보면 그날 어떤 일이 있었는지 알 수 있어서 그것으로 충분하다고 말하는 사람이 있지만 텔레비전은 속보성은 뛰어나지만 하나의 뉴스에 대해 많은 시간을 할애하지 않는다. 일어난 사건의 확인과 그 의미를 파악하는 데는 신문이 유익하다. 화면은 지나가면 내용을 확인하기 어렵지만 활자는 몇 번이고 반복해서 읽을 수 있어서 읽는 동안 생각할 수 있다.

텔레비전과 활자는 머리에서 반응하는 부위가 각각 다르지 않나 생각해본다. 텔레비전은 일종의 반사신경이고 활자는 사고를 촉진시킨다.

나는 젊었을 때 방송국에서 9년 동안 일했기 때문에 텔레비전에 대해서는 잘 안다. 텔레비전에 출연하는 입장과 글을 쓰는 입장에서 말한다고 해도 이야기는 같다. 텔레비전은 일종의 반사신경이고 글은 생각하지 않으면 쓸 수 없다.

나이가 들면 사고능력이 둔해진다. 그것을 막기 위해서라도 신문을 읽어야 한다. 무턱대고 읽으면 되는 것이 아니라 꼼꼼하게 잘 읽어야 한다. 내 경우 두 개의 신문을 읽는데 1시간은 족히 걸린다. 주식과 가정생활, 방송관련 기사는 건너뛰지만 아무리 빨리 읽어도 1시간은 걸린다. 신문에는 그만큼의 내용이 담겨 있다. 사회면은 물론이고 작가, 평론가의 글을 접할 수도 있다. 신문 이외에도 잡지나 책을 읽는 것이 중요하지만 신문만이라도 잘 읽어두면 시대의 흐름을 따라갈 수 있다.

신문을 읽을 때는 어쨌든 계속해서 읽어야 한다. 매일 읽으면 정치, 경제, 사건의 흐름을 알 수 있다. 흐름 속에서 뉴스를 파악할 수 있다.

낯설고 이해하기 어려운 1면의 기사나 사설도 자연히 알게 된다.

처음에는 흥미가 생기지 않더라도 글자만 쫓아 매일 읽자. 그러면 내용이 자연히 머릿속에 들어온다. 나이가 든 뒤 두뇌체조에는 신문만큼 좋은 것이 없다.

정보만 가지고는 불량해질 수 없다

신문을 읽을 때는 눈에 띄는 기사부터 시작하는 것도 좋은 방법이다. 예를 들면 아사히의 '천성인어(天声人語)'는 나도 팬인데 그것을 처음부터 읽어도 좋고 석간의 '소입자(素粒子)부터 읽어도 좋다. 한때 와타나베 쥰이치 씨의 『실락원』이 연재되었을 무렵에는 다른 무엇보다 그 신문의 소설을 읽는 사람이 많았다는 얘기도 들은 적이 있다.

나도 젊었을 때는 신문소설을 먼저 읽었다. 작가 이노우에 야스시 씨와 화가 이쿠자와 아키라 씨가 콤비를 이룬 글을 펼쳐 읽는 것이 재미였다.

석간도 재미있다. 문예나 그림, 음악 등의 기사를 다룬 문화면은 석간에 많기 때문에 그것만 읽는다. 이것을 읽는데도 1시간 가까이 걸리기 때문에 저녁 식사 후 또는 잠자기 전에 읽는다.

텔레비전에서도 정보는 얼마든지 얻을 수 있고 어떤 사건은 방송에서 더 자세히 다루기도 한다. 하지만 흥미위주의 내용이 대부분이어서 내가 갖고 있는 의문이 풀리길 기다리며 보고 있는 사이 끝나기 때문에 텔레비전을 보고나면 개운하지 않다.

이전에 양로원에서 본 풍경이 떠오른다. 점심식사를 마치고 각자 방으로 들어간 뒤 혼자 남아서 텔레비전 앞에 앉아 있던 노인이 낮에 방송되는 드라마를 보고 하나가 끝나면 채널을 돌려 다른 것을 보고 모두 끝난 뒤에야 자리에서 일어났다. 프로그램에 대해 정말 잘 알고 있어서 주저하지 않고 채널을 돌렸다.

좋아하는 것을 보는 것을 나쁘다고 할 수 없지만 그것만 보면 머릿속은 어떻게 될까. 마찬가지로 토크쇼만 보고 있으면 다른 사람의 소문이나 스캔들에만 흥미를 갖게 되기 때문에 그것처럼 무서운 것도 없다.

속보성이 있는 텔레비전을 효과적으로 받아들이는 것도 좋지만 그것만 가지고는 불량노년을 보낼 수 없다. 단순히 정보만 갖고 있어서는 불량이라는 이름이 부끄럽다.

불량이 되기 위해서는 그 정보를 자기 나름대로 생각하고 비판하는 눈을 가져야 한다. 불량은 일종의 아웃사이더다. 아웃사이더 적인 사고에서는 활자를 빼놓을 수 없다.

보다 폭넓게 깊이 있는 대화를 하기 위해서라도 최소한 신문을 제대로 읽자. 그리고 자신의 생각을 말하는 것이 불량의 조건이다.

무엇이든 알아두자

맹인화가 소미야 이치넨

소미야 이치넨 씨는 산을 그리는 화가로 유명하다. 그 선의 선명함이 약동하는 화산의 마그마를 연상시키고 살아있는 산, 움직임이 느껴지는 산을 그린다. 그는 내가 좋아하는 화가 중 한 사람이다.

그의 인생도 파란만장해서 일흔이 넘어 양쪽 눈의 시력을 잃었다. 마지막 빛으로 일컬어지는 만년의 그의 그림은 특히 멋지다.

실명한 후에는 구술집필로 글을 써서 에세이스트클럽상을 받았고 여든 살이 넘어 글을 쓰기 시작했다.

보이지 않는 눈으로 한번에 글을 쓴다. 글을 시작하는 곳은 딸이 알려준다. 단순히 감각으로 글자를 배분해서 쓰기 때문에 비뚤

어지거나 읽기 어려운 것도 있다. 자신의 머릿속에 있는 말이나 자유로운 하이쿠 같은 말은 그 자체로 그림이 된다.

'호수에 달 뜨다'

'누에콩에는 눈동자가 있다'

'석산화를 비껴 걷다'

'무리지은 새 노을을 가다'

'찬바람도 겨울밤 손님'

글자를 보면 새는 새처럼 보이고 노을은 노을로 생각되어 마치 그림 같다. 화가는 시력을 잃어도 화가인 것이다.

그림을 사는 것은 내 힘으로는 어렵지만 글은 살 수 있기 때문에 좋아하는 말을 몇 개 사서 번갈아가며 걸어놓고 있다.

그후 '헤나부리(1904~5년에 걸쳐 유행한 교카의 한 형태로 유행어를 넣어 짓는 것이 특징이다-옮긴이)'라고 자칭한 단가를 만들었고 백한 살에 세상을 떴다.

긴자 가부토야 화랑에서 열린 전람회를 계기로 알게 된 소미야 씨의 딸 유미 씨도 들판의 부처와 들꽃을 그리는 화가다. 몇 차례 이야기를 나누는 사이 기회가 있으면 아버지를 만나러 오라는 말도 해주었다.

소미야 이치넨 씨의 집은 후지산 자락의 후지미야 시에 있는데, 전쟁 중에 도쿄를 떠나 살기 시작한 곳이다.

언젠가 자택 근처에 강연을 갔을 때 돌아오는 길에 들른 적이 있다. 중간까지 유미 씨가 마중을 나와 주었다. 때는 가을이었는데 작은 강을 따라 자리한 정원에는 들꽃이 되는대로 피어 있었고 자연그대로의 일본가옥이었다.

가까이 다가갈수록 왠지 반가운 느낌이 들었다. 나도 유치원과 초등학교를 이 후지미야에서 다녔다. 군인이었던 아버지는 몇 차례 전근을 했는데, 소년전차병학교설립을 위해 후지미야에도 왔었다. 2년 정도의 기간이었지만 나는 아사마 진자 경내를 지나 학교에 다녔다. 그 당시 우리 가족은 창고 같은 커다란 건물을 빌려 썼는데 창으로 내다보이는 산은 후지산이었지만 정상부분뿐이어서 감동은 크지 않았다.

나와 유미 씨가 공통으로 아는 지인이 있어서 그들의 이야기를 하면서 집에 다다랐다. 처마 끝에 쇠줄이 붙어 있었다. 소미야 씨는 매일 그것에 의지해서 산책한다고 했다.

마지막 순간까지 자신을 표현하고 싶다

잠시 기다리니 소미야 씨가 나타났다. 소년 같이 반들반들한 볼에 눈은 감고 있었지만 몸 전체에서 젊음이 느껴져서 오히려 나이가 느껴지지 않았다.

그때 이미 여든다섯 살 정도였지만 테이블을 마주하고 앉기 바쁘게 총알처럼 이런저런 질문을 받았다.

정치와 뉴스 등 방송과 관련된 것, 그리고 문학과 관련된 이야기 등 모든 분야에 걸쳐서 현실감각이 있는 질문이었다.

무엇이든 알아두자, 무엇이든 들어두자는 호기심으로 넘쳤다. 소미야 씨는 바로 지금을 사는 화가였다. 눈은 보이지 않지만 귀로 모든 것을 알고 그것을 바탕으로 생각하고 자신의 의견을 갖고 있었다.

불량노년이라는 말을 쓰면 싫어할 것 같지만 활력이 느껴졌다.

멋을 아는 멋진 사람이라고 생각했고 나는 소미야 씨의 팬이 되었다. 부인도 건강이 좋지 않았지만 조용히 소미야 씨를 보살피고 있다는 느낌을 받았다. 유미 씨는 부모와 함께 살면서 아들을 키우고 있다. 장신의 조용한 성격으로 유미라는 이름은 아버지가 지어준 것이라고 한다.

몇 살이 되든 호기심을 갖는 것, 그리고 그것을 자신의 것으로 만들어서 표현하는 수단을 갖는 것이 중요하다.

평생 동안 표현수단이 되었던 그림을 그릴 수 없게 되자 글을 써서 마지막 순간까지 자기표현을 계속한 소미야 이치넨의 삶에서 불량노년의 고수의 모습을 본다.

자기표현은 정말 필요하다. 산다는 것은 자신을 표현하는 것이다. 아무것도 표현하지 않는 것은 죽은 것과 마찬가지다. 오른 손을 잃는다면 왼손으로 하겠다는 각오가 있어야 한다. 언제나 소미야 씨의 글을 볼 때면 사는 동안 나 자신을 표현해야겠다는 생각에 힘을 얻는다.

내가 바라는 것이 있다면 나도 그렇게 살고 싶다는 것이다. 마지막 순간까지 내 자신이 할 수 있는 방법으로 자기표현을 계속하고 싶다. 그것이 사는 것이고 죽음은 그 연장선에 있다.

... *15*

젊은 사람과 놀자

새로운 친구를 발견하는 법

학창시절의 교제에 얽매어 있지 않은가?

당신은 나이가 들어 사귄 친구가 있는가? 어린시절, 혹은 학창시절 친구라면 많은 이야기를 하지 않더라도 만나면 다시 옛날로 돌아간다. 그 친구들은 그 나름대로 소중하다. 나이를 먹은 뒤 그 전까지 나간 적 없는 동창회에 나가게 되었다고 말하는 사람이 많은데 그곳에서 발견하는 것은 옛날 얼굴과 함께 피할 수 없는 오랜 세월의 경과다.

그 흘러간 세월을 메우기는 어렵다. 자신이 변한 것은 제대로 직시하지 못하고 상대방이 변한 것을 불평하고 싶어진다.

구지 과거에 매달릴 필요가 없다. 친구는 이제부터라도 찾을 수 있다. 각자 자신의 인생을 살아온 친구, 마음을 열고 보면 틀림없이 찾을 수 있다. 과거의 일은 들을 필요가 없다. 지금 마음이 통하면 되는 것이다.

나는 어렸을 때 허약체질로 결핵으로 진행하는 전단계에서 2년 동안 학교를 쉬었다. 하지만 학교를 다시 다니기 시작해서도 사람들과 잘 사귀지 못해서 친구들 사이에 있어도 소외감을 느꼈다. 정말로 마음을 열 수 있는 한두 사람을 제외하고는 많은 사람들이 모이는 자리가 불편했다.

하지만 그러던 것이 쉰 살을 전후로 새로운 친구가 생기기 시작했다. 다른 사람들의 눈에 비친 내 모습을 신경 쓰지 않게 되니 자연스럽게 사람들이 다가왔다. 지금은 몇 개의 모임이 만들어졌고 이따금 모여서 함께 시간을 보내는 것이 더 없이 즐겁다.

우선 '호토카메 회(會)'. 남자도 있고 여자도 있지만 사실은 건전한 모임이다. 모두 일본펜클럽 회원으로 작가와 문예평론가, 편집자, 카메라맨, 펜클럽사무국의 직원 등으로 이루어져 있고 다함께 새를 찾아다닌다. 일 년에 여러 차례 모임을 갖는데 이즈나 홋카이도, 닛코, 가루이자와 등을 찾아가 다양한 새를 본다.

나뭇잎이 돋아나는 5월에는 가루이자와의 산장에서 연회를 갖고 다음 날 새를 보러 간다. 호시노온천부터 작은 여울이 모두 새의 숲이다. 작년에는 천 미터의 산길에서 조금 들어간 길의 얕은 여울 근처에서 큰유리새와 쌍을 이룬 원앙새를 보았다. 노란 벼슬이 있는 황여새가 주렁주렁 매달려 있는 것도 보았다. 고지새, 어치, 붉은딱따구리, 박새 등이 우리 집 정원을 찾아온다.

정밀한 망원경으로 보면 작은 새들은 가련하고 진지한 표정을 짓고 있다. 새를 본 뒤에는 온천을 즐긴다. 새를 보는 것이 전부가 아니다. 함께 다니면서 이야기를 나누고, 이따금 새가 없는 연회를 열기도 한다. 전골요리나 오리전골을 먹을 때도 있다.

"어떻게 이 나이에도 마음이 통하는 이런 친구들을 만들 수 있는 걸까?"

라고 입을 모아 말한다. 이대로 나이를 먹어도 즐겁게 놀 수 있을 것 같은 생각이 든다.

새로운 내 친구

내가 소장하고 있던 쪽 빛 천을 전시한 것이 계기가 되어 함께 만나게 된 모임이 '쇼나이'다. 이 모임은 아사히신문 논설위원이었던 구츠와다 다카후미 씨, 현재 아사히신문 논설위원이자 편집위원, 그리고 예전 쇼나이번의 영주 사카이 다다아키라 씨, 그의 아들 다다히사 씨, 그리고 부인 아마미 씨, 가신이었던 다나카 씨. 미츠가오카라고 불리는 츠루오카성의 기와를 써서 만든 잠실(蠶室) 열 동 가운데 한 동에서 연 내 전람회를 계기로 갓산과 쵸카

이산이 멀리 보이는 쇼나이에 푹 빠졌다.

 2월1일 겨울에 보는 구로카와노는 올해로 다섯 번째였고, 올해부터 2월15일의 구로모리가부키(야마가타현 사카타시 구로모리에서 300년 동안 이어진 연극-옮긴이)도 더해졌다. 이들과는 이따금 도쿄나 쇼나이에서 만나 술잔을 기울인다.

 구츠와다 씨를 알게 된 계기는 남편이 아사히방송국에 있던 당시 출연을 부탁했던 일 때문이다. 지금은 무엇이 처음이었는지 모를 정도로 친해졌다.

 그리고 쇼나이번의 영주인 다다아키라 씨는 영주답게 태연하고 서두르는 기색이 없는 인품이고 그의 아들과 아마미 씨는 약간 수줍은 듯 하면서도 상대방을 편하게 대해주어서 어느 틈에 친구 사이가 되어 영주의 저택에서 식사를 대접받기도 했다.

 우리는 올해 구로카와노를 보기 위해 방문한 집의 장지문에서 영주가 쓴 멋진 글과 노래를 보았는데, 같은 것을 선물로 받았다.
 '오래 전부터 내려오는 구로카와노의 저녁, 눈이 소복소복 쌓이네.'

 편안함이 느껴지는 시다. 영주는 옛날부터 서민의 삶을 찍은 『농촌의 풍경』 『어촌의 풍경』이라는 사진집도 만들었다.

 요즘 들어 갖게 된 모임은 배우 미쿠니 렌타로 씨와 부인 도모코 씨를 중심으로 한 모임이다. 참가자는 스타일리스트 다카하시

야스코, 화가 고다 사와코, 고양이박사 이토 가즈에, 한의사 후 이라, 그리고 우리 부부다. 미쿠니 씨의 77세 축하연, 누마즈의 별장방문, 그리고 음악회나 식사모임 등 모일 일이 있으면 모여서 논다. 모두 미쿠니 씨의 팬이고 미쿠니 씨와 이야기하고 그 목소리를 듣는 것을 즐거워한다.

그 외에도 정기적으로 식사를 하고 오페라를 보러 가는 모임도 있다. 평론가, 대학교수 등으로 이루어진 모임인데, 이 모임은 여자만 있다.

그리고 옛날 아나운서 시절의 선후배 여섯 명이 모이는 산큐회가 있다. 내가 오가와 히로시 씨의 프로그램에 출연한 뒤 스스럼없는 선배나 동료가 만나는 자리를 만들게 되었는데, 이것도 벌써 10년이 넘게 만남이 지속되고 있다.

젊은 사람과 만나면 젊어질 수 있다

에세이교실에서 있었던 일

나이가 든 뒤에 친구를 사귀면 자신보다 젊은 사람이 많아진다. 젊었을 때는 나이가 많은 사람에게 가까이 가려고 하지만 나이가 들수록 자신보다 젊은 사람에게 관심을 가지려고 한다. 같은 또래나 나이가 많은 사람과 만나면 편안하지만 새로운 발견을 할 기회가 적다. 나이를 먹으면 자신의 가치관에 얽매이기 쉽지만 젊은 사람과 만남으로써 다른 가치관을 배우고 감각과 생각이 현실적이 된다.

선생이라는 직업은 젊은 사람과 사귀기 때문에 언제까지고 젊다고 하는데, 남편을 보아도 방송국에서 일하던 때보다 대학생을 가르치는 지금이 더 젊다. 이따금 학생들의 제안으로 함께 술을 마시곤 하는데, 꽤 즐거워 보인다. 졸업생들과 어울릴 때도 있다. 머리카락은 유전이라고 하지만 염색하지 않으면 흰머리가 성성한 나는 남편의 그 검은 머리가 부럽기만 하다.

나는 사람들을 가르치는 것이 서툴러서 가르치는 일은 거절해 왔지만 옛날에 강의를 한 적이 있는 방송국에서 한 달에 한번이라도 좋으니 문화센터에서 에세이교실을 맡아달라고 해서 맡고 있다.

시간은 저녁 6시15분부터다. 주부와 직장인 여성, 사업을 하는 남성 등 수강생의 폭은 정말 넓다. 수업은 2시간 반 정도인데 주제를 정해서 다음 시간까지 에세이를 쓰고 완성된 자신의 작품은 직접 낭송한다. 그것을 다른 수강생들이 듣고 의견을 나누는데, 마지막에 내가 덧붙일 것이 있으면 말하는 식이다.

이야기를 나누는 분위기에서 자신이 무엇을 써야 하는가, 어떻게 써야 하는가, 하는 자신을 표현하는 방법을 발견할 수 있도록 하고 있다. 나는 한 사람 한 사람이 개성을 발견할 수 있도록 도울 뿐이고 세세한 것에 대해서는 가르치지 않는다. 한정된 시간으로 가장 중요한 것을 깨닫길 바라기 때문이다.

써온 글을 수업시간 내에 모두 읽기 때문에 수강생의 수는 20명으로 정해져 있지만 언제나 기다리는 사람이 있어서 결국 25명으로 늘었다. 글쓰기는 성격상 자신을 드러내야 하기 때문에 모두 사이가 좋아진다. 수업이 끝나도 가까운 레스토랑에서 식사를 하고 차를 마시면서 이야기를 이어간다. 음악에 대해 잘 아는 사람, 그림에 대해 잘 아는 사람, 연극에 대해 잘 아는 사람들이 있어서 함께 오페라를 보러 가거나 전람회를 가고, 누군가의 별장이 생기면 함께 놀러간다. 그리고 가루이자와에 있는 내 산장에도 들른다.

어쩌면 모두 그곳에서 일상에서는 얻을 수 없는 친구를 얻었을 것이다. 별장을 지은 남성은 부인을 암으로 잃은 뒤 에세이교실에서 젊은 여자 친구 몇을 얻어 다시 활기를 되찾았다. 사진이 취미인 그는 사진을 찾으면 한 사람 한 사람에게 나누어준다.

그리고 또 다른 한 남성은 부인과 이혼한 뒤 중학생 딸과 함께 살고 있다. 그는 와인에 관한 한 전문가다. 망년회 등에 아끼던 와인을 가지고 오거나 와인 따는 방법, 와인 따르는 방법, 와인의 설명 등 정말 전문가 못지않다.

남성은 두 명이 더 있다. 일선에서 물러났지만 특기를 살려 일을 계속한다. 한 사람은 한번도 에세이를 제출하지 않은 적이 없는데, 살아있는 사전 같은 존재다. 다른 한 사람은 이미 두 번 낸 문집의 편집은 그를 따를 사람이 없을 정도다. 세세한 부분은 물론이고 바쁜 일과에도 반드시 날짜를 맞춰준다.

교제할 때의 주의점

여성의 직업도 아주 다양해서 아나운서를 했던 사람도 있고, 편집자, 작가, 대학생, 음악가 등 나이의 많고 적음에 관계없이 이해관계를 떠난 친구가 된다. 젊은 사람은 연상과, 나이가 든 사람은 젊은 사람과 자연스럽게 친해진다. 때로는 논쟁으로 발전하거나 상대방의 작품을 호되게 비평하기도 하지만 관계가 깨지는 일은 없다.

일반적으로는 그런 기회가 적을지 모르지만 자신이 하고 싶은 일을 찾아서 문화센터나 사회인대학 등에 참가해보는 것도 좋다. 나이가 들어 참가하는 것을 부끄럽게 생각할 필요는 없다.

나이 먹은 것을 자랑스럽게 생각하고 정직하게 자신의 생각을 열어보이자. 부끄럽다고 생각한다면 무엇에 대해 부끄러운가 생각해보자. 누군가 무슨 말을 하는 것이 아닐까 신경 쓸지도 모르지만 아무도 신경 쓰지 않는다. 젊은 사람들은 그 밖에도 흥미를 갖고 있는 것이 많다. 자신이 하고 싶은 일을 하는데 이제 와서 부끄러워할 필요는 없다. 남겨진 시간과 체력, 돈을 쓰는 일에는 가슴을 활짝 펴자 몇 살부터 무엇을 하든 그것은 자신의 인생이다. 예순 이상은 제2의 인생이다. 젊었을 때 하고 싶었던 것을 마음껏 하자.

젊음이라는 것은 솔직함과 순수함이다. 젊은 사람들과 만남으로써 자신 내부에서 굳어지기 쉬운 사고와 감정을 흔들어서 함께 생각하고 생각이 다르다면 논쟁해보자. 그 경우 자신의 지위나 입장에서 말하지 말고 마음을 열고 같은 눈높이에서 이야기해야 한다. 젊은 사람은 그것을 민감하게 느낀다.

에세이교실에서는 어쩔 수 없이 지방에서 근무를 해야 하거나 부모를 보살피는데 지친 사람도 문집이나 망년회에 참가해서 모임을 만들어간다.

...16

거리로 나가 쇼핑을 하자

갖고 싶은 것이 없어지면
늙었다는 증거

어른의, 어른을 위한 쇼핑

'갖고 싶은 것이 없어지면 늙었다는 증거'라고 한다.

갖고 싶은 것, 즉 욕망이다. 욕망이라고 하면 식욕, 성욕, 물욕 등 다양하지만 나이를 먹으면 서서히 욕망이 줄어든다. 나 자신을 보아도 갖고 싶은 것이 줄었다. 쇼핑하는 것도 귀찮게 여겨지는 경우가 많다. 거리를 걸으면 갖고 싶은 것이 꽤 눈에 띄고 괜찮다는 생각으로 멈춰서기도 하지만 여간해선 사지 않는다.

물건을 파는 쪽에서 보면 젊은 사람의 취향에 맞추는 것도 이해할 수 있을 것 같다. 어느 정도 나이가 든 사람들은 돈이 있더라도 점차 물건을 사지 않는다. 그렇게 보면 젊은 사람들의 취향에 맞는 상품이 많은 것도 당연한 생각이 든다.

동양은 특히 그런 경향이 강하다. 미국이나 유럽에는 젊은 사람의 취향에 맞는 매장도 많지만 어른이 쇼핑하는 곳, 어른에게 맞는 거리가 반드시 있다. 하지만 우리는 어디나 젊은 사람의 취향 중심이다.

뉴욕5번가나 파리의 포브르 생 토노레 등은 어른을 위한 쇼핑 거리인데, 우리는 그런 곳이 거의 없다. 거의 모든 도시가 젊은이에게 침식당하고 있다.

그것은 어른의 책임도 있다. 어른이 어른을 위한 좋은 쇼핑을 하지 않기 때문이다.

수요와 공급의 관계에서 수요가 있으면 공급도 있기 마련이다. 어른이 소비하는 것 중에서 가령 패션으로 말하면 앞에서 이야기한 아줌마패션 아저씨패션을 말하는 것이 아니다. 젊은 사람에게는 어울리지 않는 세련되고 품질이 좋은 것을 찾는 사람이 많다면 그런 상점이 확실히 늘어날 것이다.

어른은 젊은 사람보다 많은 것을 보아왔기 때문에 보는 눈이 있다. 불량노년다운, 확실히 보는 눈이 있는 사람이 되어야 한다. 자신에게 어울리는 것, 자신다운 것, 좋다고 생각되는 것이 있으면 그 자리에서 판단할 수 있는 능력이 필요하다.

좋아하는 것을 찾아서

우리 어머니는 여든한 살에 세상을 떴지만 마음에 드는 것이 있으면 앞뒤 재지 않고 샀다. 많은 것들 가운데서 한 가지를 고르면 더 이상 망설이지 않았다. 사실 그것이 가장 좋은 것이다. 어머니와 비교하면 나는 미련을 못 버리고 하나를 더 골라서 어느 것을 살까 고민하곤 하지만 어머니는 생각이 분명했다. 전통의상이 많았던 어머니는 젊은 시절에는 양장을 즐겨 입었고, 학창시절에도 테니스와 스키 선수로 활약해서 제법 멋을 부렸다. 어머니는 생전에 옷가지를 좋아해서 돌아가신 뒤 뒤처리가 어려울 정도로 많이 갖고 있었기 때문에 내 입장에서는 그것을 처리하는 것이 고민이었다. 유품을 고르고 전통의상을 좋아하는 사람에게 나누어주기도 하고 내가 입는 것도 있지만 남겨진 것을 모두 입는다는 것은 쉽지 않다.

어머니는 만년에 전통의상 컨설턴트를 하기도 했는데, 돌아가신 뒤에 보니 한번도 입어본 적이 없는, 내가 처음 보는 전통의상이 있어서 마지막 길에 입혀드렸다.

돌아가실 즈음해서도 전통의상을 사들였던 것을 보면 물욕이 있었던 것이다. 좋아하는 전통의상이나 도자기에는 돈이 들어도 좋은 것을 샀지만 평소에는 검소하게 생활했다.

마지막 순간까지 물욕이 있었던 것을 보고 나는 안심했다. 열흘 정도 입원하고 맥없이 돌아가셨지만 같은 병실에 입원한 사람과 대화하는 중간에 갑자기 의식이 끊긴 채였기 때문에 어머니 자신은 죽음이라는 의식이 없었는지도 모른다. 부자는 아니었지만 마지막까지 좋아하는 것에 둘러싸여서 여유롭게 사셨다.

어머니는 혼자 살았지만 우리 부부가 찾아가거나 손님이 방문하면 정성껏 대접했다. 좋아하는 전통의상을 입고 좋아하는 식기를 썼고, 차 한 잔을 내더라도 어떻게 낼까 생각하면서 다른 사람을 기쁘게 하는 것을 행복이라고 생각했다.

내 친구들은 집에 있을 때 멍청히 있는 나보다 서비스가 좋은 어머니를 좋아해서 자주 찾곤 했다.

어머니는 사람들에게 뭔가를 나누어 주는 것도 좋아해서 언제나 무엇이든 작고 귀여운 것을 준비해두곤 했다.

마지막 순간까지 물욕이 있었던 것을 생각하면 쇼핑이 귀찮아진 나에 비해 어머니가 불량성이 더 있었는지도 모른다. 혼자 외출해서 혼자 선택하는 것, 그것이 조건이다.

백화점에 가는 것도 나보다는 어머니가 훨씬 더 좋아했고 자주 외출했다.

쇼핑을 하고 나면 피곤하기 때문에 나는 쇼핑을 썩 좋아하는 편은 아니지만 필요한 것은 몇 년이 걸려서라도 사고 만다. 마음에 드는 것이 없으면 마음에 드는 것이 있을 때까지 기다린다.

나도 내가 원하는 것이 있으면 사지만 여간해선 좋아하는 것이 눈에 띄지 않는 것뿐이다. 그것이 늙은 증거라고 한다면 어쩔 수 없지만 정열적으로 좋아하는 것을 찾아서 쇼핑을 다니는 동안에는 젊다.

어쨌거나 거리로 나가지 않으면 갖고 싶은 것도 만날 수 없다. 거리로 나가면 무엇이든 눈에 띈다. 도심을 어슬렁거리거나 구경하고 다니는 것도 자극제가 된다.

너무 많아서 고민

지금 사지 않으면 후회할지도 모른다

언젠가 어느 평론가와 오페라를 보러 갔을 때였다. 휴식시간에 뭔가를 사겠다고 해서 따라갔다. 극장에 들어설 때부터 본 것이 있었던 모양인데, 따라가 보니 로비 한쪽 구석에서 커피와 홍차 찻잔을 세트로 팔고 있었다. 키로프오페라극장의 이전공연이었기 때문에 러시아산 도자기를 전시하고 있었던 것이다. 수공예로 만들어 구운 귀여운 찻잔 뿐 아니라 품질이 좋은 홍차세트까지 아주 귀한 것뿐이었다. 그 평론가는 그 가운데서 청색과 금색으로 디자인된 아름다운 컵 세 개를 주문했다. 결코 싸지 않지만 그만큼의 가치가 있는 것이었다.

"요즘 마음에 드는 것이 있으면 그냥 사게 돼요."

라고 말했다.

그 평론가의 대범함에 감탄하면서 나도 예전에는 그랬다는 생각을 했다. 마음에 드는 것을 보면 앞뒤 가리지 않고 샀다. 그것은 바쁜 일과 속에서 나 자신에게 주는 선물이었다. 그에게도 물건을 사는 것은 그런 의미가 있는 걸까. 자신이 쓸 것 이외에 동생과 오랫동안 집안일을 해주는 아줌마를 위해 두 개 더 샀다. 마음에 드는 것을 발견하고 사는 그의 눈빛은 멋있고 귀여웠다.

나는 왜 이제 물건을 사지 않게 되었는가, 하고 내 자신을 반성했다. 갑자기 뭔가를 갖고 싶어지는 시기가 다시 찾아올지도 모른다. 물건을 사지 않는 이유를 말한다면 지금은 좋아서 사들인 것이 너무 많아서 그것을 처리하느라 정신을 쏟고 있기 때문일 것이다.

이전에는 마음에 드는 것이 있으면 좋다는 생각이 드는 순간 주머니가 허락하면 바로 사들였다. 그때 사두지 않으면 나중에 일부러 사러 갈 시간이 없었다. 특히 외국을 여행할 경우는 더욱 그렇다. 그 자리에서는 또 올 텐데 뭐, 라고 생각하지만 다시 가는 일이 거의 없기 때문이다. 귀국한 뒤에는 사지 못한 것을 후회한다.

나는 요즘 핀란드의 수도 헬싱키에 갔을 때 부드럽고 돌돌 말면 작아지는 비큐나(남미 에콰도르에서 아르헨티나에 걸쳐 표고

6000미터 이상의 높이에서 생육하는 야생 라마의 일종으로, 그 털로 짠 섬유-옮긴이) 스카프를 내 것과 친한 사람에게 줄 선물로 몇 개 샀다. 남편에게는 손으로 짠 알파카 스웨터를 샀다. 밤색 바탕에 하얀 양이 가슴과 팔에 몇 마리 수놓아진 것이었다. 양의 모양이 모두 달라서 한 마리 한 마리가 살아 있는 듯한 느낌이다. 그 스웨터에는 그것을 짠 사람의 이름도 새겨져 있다.

귀국한 뒤 내 것으로 한 벌 더 사지 않은 것이 그렇게 후회될 수 없었다.

정말 좋은 것만 사자

문제는 옛날에 사놓은 것이 쌓여서 집안을 가득 채우는 것이다. 우리 또래는 버리는 것이 서툴다. 살 때는 모두 마음에 들어서 산 것들이고, 취미도 옛날과 별로 달라지지 않았기 때문에 정리하려고 해도 좀처럼 손에서 놓지 못하다.

나는 3년 전까지 작은 골동품점을 했다. 취미에 몰입했던 때라 내가 좋아하는 것을 다른 사람에게도 보여주고 싶은 마음에 시작했지만 좋아하는 것이 팔리면 서운함이 앞섰다. 그래서는 장사가 되지 않는다. 그런 일이 있고 내게는 장사가 맞지 않는다고 생각하고 깨끗이 가게를 그만두었다.

폐점을 하면서 지금까지 마음에 들어 사 모았던 것을 싼 가격에 주위 사람들에게 팔았다. 그후로 물건이 좀 줄었지만 아직 정리하고 싶은 것은 많다.

  버리기보다는 필요로 하는 곳에 주고 싶지만 그러기 위해서는 시간과 수고가 든다. 옷은 염가세일을 하고 식기 등은 한신지진 때 대부분 내놓았다.

  한 번 산 것은 아껴서 쓰는 편이어서 마음에 들어서 산 것은 더욱 손에서 놓지 못한다. 요즘은 덩치가 큰 것은 버리는데도 돈이 든다.

  지금부터는 괜찮은 정도로는 사지 말아야 한다. 정말로 좋은 것 이외에는 사지도 말고 집안에 쌓아놓아서도 안 된다. 그 대신 돈이 드는 것도 정말로 좋은 것, 갖고 싶은 것을 한두 개 갖자. 그런 것을 아껴 쓰자. 사용할수록 정이 드는 것, 예를 들면 작업용 책상 같은 것 말이다. 도쿄에서 쓰는 책상은 아버지의 서재에 있던 것으로, 침대로 써도 될 정도로 큰 낡은 것이지만 소중하게 쓰고 있다.

...17
돈 쓰는 데 인색해지지 말자

'쓰느냐' '안 쓰느냐'의 대담한 취사선택이 중요하다

낭비하지 않는 '산 셈 치는 방법'

어느 경제평론가가 텔레비전에 자주 출연하던 즈음의 일이다. 돈을 모으는 비결은—봄이 되면 유행에 맞춰 옷도 사고 싶고 구두도 새로 사고 싶은 마음이 생기지만 조금 더 기다린 뒤에 사자고 생각하면 봄이 지나고 여름이 온다. 여름에도 마찬가지로 조금 더 기다리자고 생각하면 가을이 되고 겨울이 온다. 이렇게 지내면 필요 없는 것은 하지 않는다—는 이야기였다.

확실히 조금만 기다리면 시기가 지나 그토록 갖고 싶었던 마음이 거짓말처럼 잠잠해진다. 그것을 반복하면 돈을 쓰지 않고 지낼 수 있다.

'산 셈 치는 방법'도 있다. 샀다고 생각하고 저금하는 것이다.

그 방법도 좋을지 모른다. 충동구매를 하고 나면 전에 샀던 것과 같은 것을 사는 경우도 있다. 사람의 기호는 크게 바뀌지 않기 때문에 비슷한 것을 산다. 그런 실패는 셀 수 없이 많아서 낭비도 무시할 수 없다.

젊을 때는 앞으로 들어올 수입을 예상할 수 있다. 일을 하면 돈이 들어오기 때문에 그것을 예측해서 쇼핑을 즐기고 유행을 좇을 수 있다. 값싼 것이라도 잘만 맞추어서 입으면 충분히 어울린다. 젊음이 부족한 부분을 메워주고 그날 하루 즐거우면 그만이다. 내가 젊었을 때는 그랬다.

하지만 어느 정도 나이가 들면 그렇게만 살 수는 없다. 나이가 든다는 것은 모든 것이 줄어드는 것을 의미한다. 먼저 자신에게 주어진 시간, 체력, 그리고 돈이 그렇다. 자신에게 주어진 시간이나 체력은 눈에는 보이지 않지만 돈은 눈에 보인다. 노후의 삶을 생각하면 돈은 중요하다. 그래서 돈을 함부로 쓸 수 없다. 돈을 잘 쓰는 방법을 몸에 익혀야 한다.

돈을 잘 쓰는 방법은 돈을 쓸 곳에 쓰고 절약해야 할 곳에서는 절약하는 것이다. 이제부터 들어오는 수입은 자녀를 위해서가 아니라 자기 자신을 위해서 써야 한다. 좋아하는 것에 돈을 들이고 불필요한 부분은 과감하게 절약하는 것이다. 쓰임새가 중요하다.

이것저것에 마음을 빼앗겨서는 두 마리 토끼를 쫓는 것과 같다.

한 가지를 잡으려면 다른 것은 버려야 한다. 취사선택을 제대로 하자. 다른 사람을 흉내 내지 말고 참을 것은 참고 자신에게 중요하다고 생각되는 것에 돈을 쓸 수 있도록 해야 한다.

 여행에는 과감하게 돈을 쓴다

 젊었을 때부터 다른 사람을 흉내 내서 다른 사람이 사기 때문에 사야겠다는 생각으로 살아왔다면 노후에는 욕구불만으로 가득 차게 된다. 옆집이 디지털TV를 사면 따라서 사고, 친구가 봄옷과 가방을 사면 그것도 따라서 산다. 그렇게 다른 사람이 기준이 되어서는 그 사람을 좇아가는 것만으로도 지치고 만다. 어디 그뿐인가. 어렵게 모은 돈도 줄어든다.
 불량노년에게 반드시 필요한 것은 스스로 결정할 수 있는 개성이다. 이웃에서 무엇을 사든 스스로 결정할 수 있는 개성이 있다면 낡은 것으로도 만족할 수 있다. 그 대신 1년에 한번쯤 인색하지 않은 좀더 넉넉한 여행을 즐기는 것도 좋지 않을까.
 젊을 때는 싼 가격으로 돌아다니는 여행도 즐겁지만 나이가 들면 그렇지 않다. 해외여행을 할 때도 일반석을 이용하면 도착했을 때 피곤하기 때문에 조금 무리가 되더라도 비즈니스석을 이용하고 호텔도 가능한 범위에서 좋은 호텔을 고르는 것이 좋다. 최근에는 투어에서도 비즈니스석과 고급호텔이 제공되는 경우도 많다. 여행지에서는 평소보다 마음껏 돈을 쓰자. 자신을 위한 선물을 사는 것도 좋다.

짐을 가볍게 하기 위해서 갈 때는 버려도 좋은 것을 입고 여행지에서 쇼핑을 한 뒤 갈아입고 돌아오는 것도 한 방법이다. 여행을 간다고 해서 여행을 위한 옷을 새로 살 것이 아니라 여행지에서 산 것을 즐기면 된다. 돈 쓰는 방법을 포함해서 여행을 잘 하는가 어떤가가 불량노년의 조건이다.

그리고 한 개라도 자신을 위해 선물을 사자. 주변 사람들을 위해 선물을 살 필요는 없다. 선물을 받더라도 여간한 것이 아닌 한 기뻐하지 않는 사람이 많다. 그것보다 큰돈이 들더라도 자신을 위한 소중한 선물을 사자. 볼 때마다 여행을 떠올릴 수 있는 것으로 말이다. 나는 옛날부터 그렇게 하고 있기 때문에 우리 집에 있는 물건 하나하나가 여행의 추억이 담겨 있다. 컵 하나를 쓰더라도 그것을 산 곳의 풍경이 떠오르고 여행했을 때의 추억이 되살아나 일상 속에서도 여행을 할 수 있다.

일 년에 한번 큰 여행을 하기 위해서는 평소에 절약하는 것이 필요하다. 나와 남편은 전기제품의 경우 쓸 수 있는 한 낡은 것도 그대로 사용한다. 전기밥솥은 오히려 초기에 생산된 것이 심플하고 사용하기 쉽고, 텔레비전도 뉴스와 음악방송, 스포츠 정도밖에 보지 않기 때문에 구식이라도 충분히 볼 수 있다. 결국 그 사람이 무엇에 가치를 두느냐, 하는 가치관의 문제인 것이다.

모두 쓰고 죽고 싶다

유산은 남기지 않는 것이 가장 좋다

돈에 대해서 말하면 죽을 때 모두 쓰고 죽는 것이 가장 좋은 방법이라고 생각한다. 남은 사람에게 불편을 끼치지 않을 정도의 장례비용만 남기고…….

가능하다면 그렇게 하는 것이 이상적이지만 문제는 언제 죽을지 모른다는 것이다. 사고로 죽게 될지, 병으로 죽게 될지 알 수 없고, 죽음을 스스로 깨닫는다는 것은 정말 어렵다.

방법이 없기 때문에 평균수명을 기준으로 생각하자. 만약 그 이상 산다면 어쩔 것인가, 하고 생각한다면 끝이 없다.

다만 생각해두었는가, 아닌가로 자신의 삶이 결정된다. 어떻게 죽을 것인가를 생각하는 것은 그 사람의 삶의 방식이다. 반대로 삶의 방식이 그 사람의 죽음을 결정한다. 이 말을 마음에 새겨두면 행복한 노년을 보낼 수 있을지도 모른다.

내가 생각하는 이상적인 죽음도 내가 가진 모든 것을 쓰고 죽는 것이다. 그러기 위한 준비를 조금씩 해두고 싶다.

외국여행에서 돈 쓰는 방법을 가지고 생각해보자. 우선 공항에 도착하면 여행할 나라의 화폐로 환전한다. 며칠 체재하는데 대략 얼마나 쓸 것인가를 생각한 뒤 필요한 만큼 환전하고 여행 일정에 맞춰 여행하고 나면 마지막 날이 된다. 여행 도중에 추가로 환전하거나 돈이 남아선 안 된다.

귀국하여 공항에 도착했을 때 갖고 있던 여행경비를 모두 쓸 수 있도록 해야 한다. 여행할 때마다 그런 부분에 주의를 하면 조금씩 씀씀이를 조절할 수 있고 여행경비에 맞추어 쓸 수 있다. 여행의 경우에는 귀국날짜가 정해서 있어서 상관없지만 인생의 마지막 날은 정해져 있지 않아서 예측하기 어렵다.

사실이 어떠하든 불량노년의 삶은 자신이 가진 돈으로 인생을 즐겁게 마칠 수 있도록 사는 것이다.

미련 때문에 돈을 남겨서 싸움의 불씨를 남기지 않는 것만큼 좋은 일은 없다.

형제자매, 친척의 사이가 나빠지는 것은 대개 유산상속을 둘러싼 트러블이 원인이다. 나도 경험이 있지만 예를 들어 부모를 계속 보살핀 것이 누구든, 그리고 유언이 있더라도 한쪽에서 불만이 터져 나오기 때문에 문제가 쉽게 해결되지 않는다.

그런 트러블은 정말 불쾌하다. 부모의 생전에는 알지도 못했던 친인척이 갑자기 나타나기도 한다. 그런 문제의 원인은 다름 아닌 부모가 남긴 돈과 땅 등의 재산 때문이다. 그것만 없다면 아무도 그것을 욕심내지 않고 욕심이 생길 이유가 없다.

부모는 자녀에게 돈이나 돈으로 환산할 수 있는 것을 남기지 않는 것이 좋다. 불량노년은 그 문제에 대해서 확실히 해두어야 한다.

'도쿄토박이는 하룻밤 넘길 돈을 지니지 않는다'는 말은 다른 사람에게 불편을 끼치는 일을 하지 않고 하루하루 가진 것을 모두 써서 열심히 산다는 의미도 담고 있다.

아무리 사이가 좋은 형제자매라도 결혼하면 배우자가 있기 마련이어서 자신의 생각뿐 아니라 배우자의 생각까지 끼어들어 더 복잡하고, 한번 얽히기 시작하면 혈연관계일수록 문제는 잘 풀리지 않는다.

그런 문제를 피하기 위해서는 자신이 전부 쓰는 것이 좋다. 자녀에게는 그것을 분명히 해두자. 만에 하나 재산이 남는다면 자신이 희망하는 곳에 기부를 하거나 해서 금전적인 일은 분명하게 유언을 남겨두는 것이 필요하다.

노후를 자녀에게 의지해선 안 된다

자녀에게 의지해선 안 된다. 노후에는 부부가 스스로의 힘으로 생활할 수 있어야 한다. 정신적인 의미에서는 자녀의 존재가 크겠지만 자녀도 어른이 되면 독립된 한 사람의 인간이다. 자신의 자녀라는 생각으로 의지하는 마음은 버리자.

동물의 부모는 새끼가 독립할 때까지 돌보고 그 후에는 둥지에서 밀어낸다. 성장한 자녀가 부모의 노후를 보살핀다는 이야기는 들어본 적이 없다. 자녀를 키우는 것은 부모의 역할이지만 어른이 되면 독립하는 것이 자연의 이치다. 만일 자녀가 부모를 신경써준다면 고마운 마음은 받아들이더라도 따로 살 생각을 하는 것이 좋다.

불량노년으로 즐겁게 사는 것도 자신의 돈이기 때문에 가능한 것이다. 자녀의 돈이라면 하고 싶은 대로 쓰거나 놀 수 없다.

나이가 든다는 것은 제약으로부터 하나씩 해방되는 것으로, 자신을 얽어매고 있던 것으로부터 해방되어 마음 편히 즐길 수 있다. 그것이 바람직한 노후의 모습이다.

번거로운 세상의 속박이나 친인척의 교제를 갖고 싶지 않다면 갖지 않으면 된다. 친구도 마찬가지다. 이야기를 해서 불쾌한 상대방이라면 가까이 하지 말자. 기분 좋게 살기 위해서는 속박을

줄여가는 것이 좋다. 특히 금전상의 속박은 만들지 말아야 한다.

　인색하다는 말을 들으면서 돈을 모아 남길 이유가 어디 있겠는가. 살아 있는 지금 이 순간을 소중히 하고 그렇게 살기 위해서 유익하다면 돈을 쓰는데 인색함 없이 흔쾌히 쓰자. '어떻게 되겠지' 생각하면 어떻게든 해결되는 법이다.

18

불량노년에는 그것에 맞는 죽음이 있다

중요한 것은 '이렇게 죽고 싶다'는 바람

어떻게 죽고 싶은가로 삶이 바뀐다

내 어머니는 뇌경색으로 돌아가셨다. 입원해서 일주일 동안은 의식이 분명했지만 링거액을 맞으면서 같은 병실의 환자와 이야기를 나누다가 갑자기 의식을 잃었다. 개인병실은 심심해서 싫다고 해서 공동병실로 옮겼는데 이야기를 나눌 좋은 사람들을 만날 수 있었다.

'위급'하다고 해서 달려갔을 때는 이미 의식이 없었고 그 뒤 3일 동안 중환자실에서 인공호흡기를 달고 있었다. 심장이 나빠서 두 번이나 입원을 한 적이 있는데, 혈전이 혈관을 막는 뇌경색이었다.

의사인 삼촌이 담당 의사를 찾아가서 '더 이상 무리하지 말아

달라'고 말했고, 의식을 잃은 지 나흘째 되던 아침에 어머니는 숨을 거두었다. 그때 숙모가 갑자기 큰 소리로 말했다.

"어머님과 같은 날이에요. 똑 같아요!"

어머니가 돌아가신 3월 18일은 할머니의 기일이기도 하다. 지주의 딸로 태어나 이웃에 사는 지주의 독자에게 시집간 할머니는 과거 가부장적인 시대의 여자였지만 자아에 눈떠서 결혼이 아닌 자립을 꿈꾸었다. 하지만 당시의 상황에서 할머니는 부모가 시키는 대로 살 수밖에 없었고 놀기 좋아하는 남편을 대신해서 집안을 꾸려야 했다. 게다가 전쟁이 끝날 무렵 남편이 세상을 뜨자 그 낡은 집을 지키며 아흔세 살까지 살았다.

나는 그런 할머니의 일생을 『생각하면 이 세상은 머물다 가는 곳』에서 논픽션으로 썼다. 어머니는 심지가 강한 할머니의 삶을 존경했고 '어머니와 같은 날 죽고 싶다'고 입버릇처럼 말하곤 했다. 어머니와 할머니 사이를 잇는 것은 신란(가마쿠라 초기의 승려로, 정토진종의 시조-옮긴이)의 가르침을 포함해서 정신적인 것도 강했던 것 같다.

생각해보니 돌아가신 날이 같았다. 게다가 3월 18일이면 히간(춘분과 추분의 전후 각 3일간을 합한 7일을 가리키며, 불교행사의 하나-옮긴이)이 시작되는 날이다. 그 의미에서 보면 소원이 이루어진 셈이다.

'이렇게 죽고 싶다'고 바라는 것은 중요하다. 어머니는 '어머니와 같은 날 죽고 싶다'는 바람이 있었기 때문에 같은 날에 돌아가셨다. 만약 어머니가 그것을 바라지 않았다면 돌아가신 날이 같지 않았을 것이다.

그렇게 생각대로 될 리가 없다고 말하는 사람도 있겠지만 바라는 것이 있으면 어쩌면 바라는 대로 이루어질지도 모른다. 우연의 일치일지도 모른다. 하지만 마음속으로 바란다면 생각대로 될 가능성이 있다. 생각하지 않는다면 가능성은 전혀 없다.

나는 그 가능성에 건다. 왜냐하면 그렇게 바라는 것, 그 생각은 바로 사는 것이기 때문이다.

어머니의 베갯머리에 놓여있던 단도의 의미

어떻게 죽느냐가 그 사람의 삶의 방식을 말해준다고 하지만 그 사람이 어떻게 살았는가는 그 사람이 어떻게 죽을 것인가를 보여준다. 어머니는 당신의 인생에서 괴로움, 가혹함을 할머니의 일생에 비추어가면서 열심히 살았다. 그렇게 살았기 때문에 바라던 대로 같은 날에 돌아가실 수 있었다.

문제는 어떻게 죽고 싶은가를 바라면 그 자신의 삶이 바뀐다는 것이다. 결과로서 어떻게 죽을 것인가가 아니라 죽음에 이르기까지 그 삶이 변화하는데 의미가 있다.

어머니의 경우 할머니가 돌아가신 같은 날 죽고 싶다고 바라면서 당신 자신의 삶을 바르게 잡아갔다. 우연히 같은 날 돌아가셨지만 만약 날짜가 달랐다고 해도 어머니는 만족해했을 것이다. 같은 날에 죽고 싶다고 바람을 가지고 당신 나름대로 삶을 살았기 때문이다.

어머니가 돌아가신 뒤 베갯머리에서 단도가 나왔다. 나는 그 단도를 보고 소스라쳐 놀랐다. 왜 어머니는 그것을 지니고 있었을까.

혼자 살아서 강도라도 들어오면 오히려 위험했을 텐데. 어머니는 어머니 나름의 각오가 있었을 것이다. 그 각오는 어떤 것이었을까. 분명한 것은 알 수 없지만 어머니는 베갯머리의 단도를 봄으로써 죽는 것, 즉 살아가는 것에 대해 생각했을 것이다. 단도는 죽기 위해서 필요했다기보다 살기 위해 필요했던 것이다.

가인 사이교의 바람

'바라는 것은 벚꽃 피는 봄날 그 꽃 아래서 죽고 싶다. 2월의 보름달 즈음에'

이것은 유명한 가인 사이교(헤이안시대 후기의 승려, 가인-옮긴이)의 노래다. 그의 바람처럼 사이교는 1190년 2월16일 가와우치의 고센지에서 죽었다. 2월은 음력이니까 지금으로 하면 3월이다. 2월15일은 석존불멸의 날이어서 불가의 수도승은 모두 이날 죽길 바란다. 그의 노래에서 벚꽃과 달은 상징적인 것이다. 출가승으로서의 바람과 가인으로서의 바람이 이루어져 하루 지난 2월16일에 죽은 것은 사람들을 놀라게 했고 부러움을 샀다.

사이교가 평생 걸은 가인의 길은 불도를 찾고 한편으로 어떻게 죽을 것인가를 생각하기 위한 삶을 관철시킨 것이었다.

평범한 사람이 그것을 흉내 낼 수는 없다고 해도 자신의 죽음을 생각해둘 필요는 있다.

어떻게 죽고 싶은가를 생각하고 발견하고 찾자. 그것이 그 사람의 삶을 결정한다.

설사 혼자 여행하든, 무대 위의 장렬한 죽음을 하든 사람마다 이렇게 죽고 싶다는 자신의 생각을 갖길 바란다. 가족들에게 둘러싸여서 죽음을 맞는 것만이 좋은 죽음이 아니다.

불량노년에 어울리는
아름다운 마지막 순간의 연출

죽음에 미의식이 나타난다

어떻게 죽을 것인가를 생각하는 것은 그 사람의 미의식이기도 하다. 이치가야의 자위대에서 대원의 사기를 진작시킨 뒤 할복자살한 미시마 유키오는 자신의 죽음을 연출했다. 그것은 미시마 미학의 집대성이었음이 틀림없다. 다른 사람들은 잘 이해하지 못하더라도 본인에게 가장 잘 어울리는 죽음이었음이 틀림없다.

나도 한때 할복을 동경했던 적이 있다. 죽음이 무엇을 의미하는지도 모르는 어렸을 때지만 잡지에서 본 남장여인이 스파이로 말을 타고 전장에서 활약하고 마지막에 할복하는 이야기에서 그것을 동경했던 것이다. 지금 생각하면 마타하리로 불려진 가와시마 요시코를 모델로 한 이야기가 실린 잡지의 그림을 잘라 몰래 갖고 있었던 적도 있다.

보통 소녀들과 달랐던 나는 그 무렵 '무엇이 되고 싶냐'는 물음에 '스파이'라고 대답한 적도 있다. 깨끗하고 바른 것보다는 멋있어 보이는 것만을 동경했던 것이다.

고등학교 시절 동창 중에 불량학생이었지만 아름다웠던 사람이 있었다. 나보다 한 학년 위로 그가 하는 모든 것이 그 자신의 미의식에 바탕을 두고 있어서 그에게 강하게 끌렸다. 여자인 나뿐 아니라 동급생과 하급생 남자들도 그를 동경하는 사람이 있었다. 그는 머리도 좋아서 공부를 하지 않는데도 늘 상위권이었다. 소문으로 떠도는 얘기로는 그가 나중에 조직에 들어갔다고 했다.

우연히 만난 사람의 이야기로는 검은색으로 차려입은 모양새가 그에게 잘 어울려서 웬만한 영화에 나오는 조직폭력배보다 멋있었다고 한다.

방탕한 죽음도 미의식이 깔려 있다.

예전에 무사의 죽음도 미의식 그 자체였다. '무사는 먹지 않아도 이쑤시개로 이를 쑤신다'라고 할 정도로 무사는 수치의 문화를 갖고 있었고, 수치를 당하면서 오래 살기보다 자부심을 지키고 죽으라고 가르쳤다. 내 내부에도 그것을 아름답다고 생각하는 부분이 약간은 있는 것을 보면 증조부, 조부, 아버지로 이어지는 무사의 피 때문인지도 모르겠다.

무사의 삶은 다양한 문학작품이나 영화로도 만들어졌다. 클라이맥스는 죽음이고, 다양하게 묘사되어 있다. 최근 작품으로는 오시마 나기사 감독의 '금령'이 있는데, 신센구미(1863년 에도막부가 영주를 잃은 무술이 뛰어난 무사를 모아 만든 부대-옮긴이)라는 불량배의 세계를 그렸다. 그 영화에서 묘사된 것은 삶과 죽음 사이의 애증의 세계다. 막부말기의 어지러운 시대에 남자들은 항상 죽음을 의식하면서 살았던 것이다.

그런 삶과 죽음에 공감하기 때문에 우리는 영화를 보러 간다. 그리고 영화관을 나왔을 때 주인공 무사가 걸어가듯 걸어가고 불량배가 된 듯 어깨를 거들먹거리며 영화관을 나온다.

마지막은 와인으로 건배

불량은 불량배의 대명사다. 정도가 아니어도 상관없고 자신의 미의식을 바탕으로 자기 나름대로 생각한 죽음을 선택한다. 그러기 위해서는 연출도 필요하다.

미즈노에 다키코 씨는 생전에 장례식을 치렀다. 조사(弔辭)와 이별의 말도 장례식대로 했다. 죽은 뒤에는 장례식 같은 번잡한 의식 없이 매장하는 것이 전부. 그것도 미의식일 것이다.

이시하라 유지로 씨는 바다에 뼛가루를 뿌려주길 원했다. 살아 있던 때의 미의식의 연장이다. 히말라야나 알프스에 뼈를 묻는 사람도 있다. 그것도 좋다. 모두 자신이 어떻게 살았는지를 보여주는 증거다.

사회당 의원이었던 고 나카지마 히데오 씨는 취미생활에 조예가 깊었다. 음악과 그림, 요리, 모든 일에 조예가 깊고 현역시절과 은퇴 후 와인과 음식을 즐겼다. 언젠가 바다가 내다보이는 홋카이도의 산장을 찾아갔을 때 그 넉넉했던 한때는 잊을 수가 없다. 좋아하는 것, 아름다운 것에 둘러싸여서 맛좋은 와인과 직접 준비한 스튜를 먹었던 것을 생각하면 사치는 이런 것이 아닐까 싶다.

그런 나카지마 씨가 암에 걸려 몇 차례의 입원과 퇴원을 거듭하고 돌아가시기 얼마 전 가까운 사람을 병실로 불러 아끼던 와인을 한 사람 한 사람에게 따라주고 자신도 등을 기대고 앉아 다 함께 건배를 했다. 그리고 조용히 숨을 거두었다고 한다.

그것은 나카지마 씨다운 죽음이다. 자신이 암이라는 사실을 알았을 때부터 그 순간을 마음속에 담아두었을 것이다. 그것이 그 사람다운 마지막 순간이다. 갈채를 보내고 싶을 정도로 아름다운.

죽음의 이미지는 나카지마 씨의 마음속에 이미 만들어져 있었다. 죽음의 시뮬레이션은 몇 번이고 머릿속에서 되풀이되었을 것이다. 그렇기 때문에 멋지게 성공할 수 있었다.

자신의 죽음에 대해서도 시뮬레이션해두자.

에츠고의 고고안에 검은색으로 염색된 옷과 탁발용 발만을 두고 평생을 산 료칸(에도시대 후기 조동종의 승려, 가인-옮긴이)의 자유는 모든 욕망과 자아와 싸워 얻은 것이었다.

'불 지필 것은 바람이 가져오는 낙엽인가.'

추위를 이길 불 필울 땔감 정도는 바람이 가져온다는 의미다. 넉넉함을 아는 삶은 마침내 죽음을 눈앞에 두었을 때 다음의 노래를 낳는다. 료칸의 노래가 아니라는 설도 있지만.

'뒤를 보이고 앞을 보이며 흩어지는 단풍.'

단풍에 빗대어 세상을 잘 노래하고 있다.

조금 이른 나의 유언

황혼 무렵에 죽고 싶다

그렇다면 나는 어떤 죽음을 맞고 싶은가.

어머니가 돌아가셨을 때 눈앞의 병풍이 걷히면서 그 다음은 나라는 생각을 떨쳐버릴 수 없었지만 잠시 시간이 흐르니 죽음이라는 느낌이 멀어져서 어떻게 죽을 것인가에 대한 생각이 쉽게 떠오르지 않는다.

그 순간이 올 때까지 생각을 단단히 해두면 된다고 생각하지만 행여나 그날이 갑자기 찾아오면 안 되기 때문에 미리 써보려고 한다. 지금 예순세 살인 나는 죽음에 이르지는 않았지만 죽음에 이르는 병에 걸리지 않는다고 단언할 수 없다.

때마침 매거진하우스의 '크로와상' 편집부로부터 '조금 이른 나의 유언'이라는 제목의 원고를 부탁받았다.

그 글을 쓰고 있는 여자들은 나를 포함해서 모두 진지하게 생각해서 글을 쓰고 있지만 남자들은 모두 수줍은지 익살을 부리거나 부정적으로 말하거나 한다. 글에서도 그 사람을 엿볼 수 있어 재미있다.

누군가 특정인에게 보내는 편지형식으로 써달라는 부탁이었기 때문에 나는 남편에게 보내는 글을 썼다. 몇 줄 인용해보면 다음과 같다.

"H에게

오늘은 나의 생일입니다. 환갑도 지났기 때문에 오늘은 새로운 마음으로 유언을 써보려고 합니다. 5월29일 새벽에 태어난 나는 같은 날 초저녁에 죽고 싶다는 바람을 가져봅니다. 그 바람을 마음속으로 빌면 바라는 대로 이루어질지도 모릅니다.

초저녁은 내가 가장 좋아하는 시각입니다. 햇살의 잔광이 약해지고 붉은빛과 보랏빛으로 일렁거리는 노을도 잦아들어 거리에는 하나둘 가로등이 켜집니다. 황혼이 어둠으로 변하는 순간을 지켜보려고 해도 정신을 차리면 세상은 온통 어둠뿐입니다. 생과 사의 경제도 어쩌면 그런 것일지도 모릅니다.

좋아하는 일을 하고 문득 깨달았을 때 어둠이 찾아오듯

그렇게 죽음을 맞고 싶습니다."

위와 같은 내용으로 제법 점잖을 빼며 썼다. 난 초저녁이 정말 좋다. 태어난 날까지는 아니더라도 어떻게든 옅은 밤의 커튼이 내려지는 순간에 잠이 들 듯 세상 저편으로 가고 싶다. 커튼의 저편에는 여전히 햇살이 비쳐 밝을지도 모른다.

마지막 순간까지 일을 하고 싶지만 일어서서 좋아하는 혼들의 자에 앉아 저물어가는 창밖에 하나둘 가로등이 들어오는 것을 보면서 고양이를 안고 좋아하는 오페라를 들으면서 죽는 것도 나쁘지 않다고 생각한다. 그러나 너무 많은 것을 바라는 것은 그만두자. 자신에게 정말로 중요한 한 가지 혹은 두 가지를 중심으로 그려보면 충분하다.

유골은 정원에

유언이기 때문에 당연히 사후에 대해서도 언급해두었다.
'장례식은 가까운 사람들끼리만 지내주세요. 단 일부러 찾아온 사람은 거절하지 마세요. 친척이기도 한 고겐지의 묘에 넣어주세요. 장례식에서 흐르고 있을 음악은 슈베르트의 현악4중주 '죽음과 소녀' 제2악장. 알레르기가 있으니 향은 피우지 마세요.

꽃은 알레르기가 있는 백합 이외의 모든 하얀 꽃으로. 5월이라면 백매화를······.'

'차분한 분위기가 되었을 때 「시모쥬 아키코가 여는 감사회」를 열어주세요. 돈은 받지 마세요. 장소는 국제문화회관의 정원으로 이어지는 방이나 도쿄회관의 창으로 하늘이 잘 보이는 곳으로. 시간은 초저녁에서 어둠으로 향하는 때. 평상복차림으로 화려하고 즐겁게 그리고 맛있는 음식을 대접하면 좋겠습니다.'

'유골은 정원에 고양이들과 함께······.'

이외에 현실적인 것으로는 돈에 관한 내용이 있다. 앞에서도 쓴 것처럼 필요한 경비를 제외하고 모두 아무것도 남기지 않는 것이 좋지만 그렇지 못하다면 동양의 전통적인 미의 보존이나 환경에 도움을 주고 싶다. 남편 H가 대신해서 내 생각을 옮겨줄 것을 부탁하는 글을 썼다.

이 조금 이른 유언은 너무나 정열적이고 연출이 과장되어 현실감이 떨어지지만 어느 정도 나이가 들면 유언을 생각해둘 필요가 있을지도 모른다.

나의 친구와 지인을 둘러보아도 같은 연령대의 사람 중에는 유언을 쓴 사람이 절반, 쓰지 않은 사람이 절반이다. 정식으로 하려면 공증을 받아야 하지만 자필로 도장이 찍혀 있고 날짜가 분명한 것은 법적인 효력이 있다고 해서 우리 부부는 남아 있는 사람에게 불편이 돌아가지 않도록 최소한의 일은 써서 부부 각자가 은행 금고에 넣어두었다.

  자신이 어떻게 하고 싶은가 하는 의지를 분명하게 전달해서 남겨진 사람들 사이에서 추한 분쟁이 일어나지 않도록 최소한의 유언은 필요하다. 그런 준비가 된 뒤에 불량적인 삶을 사는 것이 자유롭게 행동할 수 있다.

  언제나 신경이 쓰이거나 마음에 걸리는 것이 있으면 노후를 마음껏 자신답게 자유롭게 살 수 없다. 후회 없는 불량인생을 위해 짊어져야 하는 의무도 있는 것이다.